市场营销专业教学改革成果
创新教材

公共关系实训

Gonggong Guanxi Shixun

郑洁 编著

东北财经大学出版社　大连
Dongbei University of Finance & Economics Press

图书在版编目(CIP)数据

公共关系实训 / 郑洁编著 . —大连 ： 东北财经大学
出版社，2016.8
（市场营销专业教学改革成果创新教材）
ISBN 978－7－5654－2342－0

Ⅰ.公…　Ⅱ.郑…　Ⅲ.公共关系学-教材　Ⅳ.C912.3

中国版本图书馆CIP数据核字(2016)第129994号

东北财经大学出版社出版
（大连市黑石礁尖山街217号　邮政编码　116025）
网　　址：http：//www.dufep.cn
读者信箱：dufep@dufe.edu.cn
大连美跃彩色印刷有限公司印刷　　东北财经大学出版社发行
幅面尺寸：148mm×210mm　字数：103千字　印张：5.375　插页：1
2016年8月第1版　　　　　　　　2016年8月第1次印刷
责任编辑：张旭凤　魏　巍　　　　　责任校对：那　欣
封面设计：冀贵收　　　　　　　　　版式设计：钟福建
定价：20.00元

教学支持　售后服务　　联系电话：（0411）84710309
版权所有　侵权必究　　举报电话：（0411）84710523
如有印装质量问题，请联系营销部：（0411）84710711

序

　　《教育部关于以就业为导向深化高等职业教育改革的若干意见》中清晰准确地提出了高等职业教育的培养目标，即高等职业教育应以服务为宗旨，以就业为导向……坚持培养面向生产、建设、管理、服务第一线需要的"下得去、留得住、用得上"，实践能力强并具有良好职业道德的高技能人才。高技能人才职业能力的培养离不开实践教学环节，而实践教学环节包括校内实训和校外实践两个部分。市场营销专业是一个操作性、实践性都很强的专业，实践能力在市场营销专业学生的整体素质中居于非常重要的地位，是学生综合职业能力的重要组成部分。因此，如何有效开展市场营销专业校内实训是每一个高职院校市场营销专业必须面对和解决好的问题。

　　在现代市场经济条件下，不仅企业存在市场营销活动，而且社会、政治、法律、文化等领域中的非营利性组织和团体也要开展营销活动，市场营销的应用领域事实上已经超出了经济活动的范围，并且越来越受到人们的重视。在职业教育院校，如何切实提高学生的营销技能，使学生具备较强的实际操作能力，是市场营销专业建设的关键之一。

为此，学校如果能够与行业企业紧密合作，以工作过程为线索，根据市场营销实际工作岗位的工作任务和任职要求，参照相关的职业资格标准，编写市场营销实训系列教材，并将其作为市场营销理论的配套教材，势必会对市场营销专业学生实际操作能力的培养有一定的帮助和提升。

在这方面，许多高职院校及骨干教师勇于探索、不断创新，取得了令人欣慰的成果。"市场营销专业教学改革成果创新教材"即是其中之一。

山西省财政税务专科学校是全国首批28所国家示范性高职高专院校之一，其市场营销专业作为教育部高职高专教育教学改革试点专业、国家高职高专示范院校建设中央财政支持重点建设专业，10多年来大胆探索与创新，取得了多项国家级、省级的教学成果。

这套"市场营销专业教学改革成果创新教材"正是在这样的专业发展背景下产生的，其特色与创新体现在：首先，这是职业教育市场营销专业骨干教师持续教学改革与探索的沉淀。编者在充分调研企业工作岗位实践需要的基础上，进行了大胆改革创新，并在实际教学中逐渐完善，在以财经教育专业出版享誉行业的东北财经大学出版社的配合下，形成了独具特色的市场营销专业实训系列教材。其次，教材的呈现形式有所创新，工作任务操作具有仿真

　　　　　　　　　　　公共关系实训

效果，属于开先河之举。这套教材根据高等职业教育改革的要求，以职业岗位活动为导向，以仿真工作项目为载体，实现了课堂教学与工作岗位任务的零距离结合。

虽然这套教材是尝试性的创举，但是其凝结了编者多年的教学心血，是智慧的结晶，所以我期待这套"市场营销专业教学改革成果创新教材"能够得到广大同仁的认同与推广，能够在职业教育培养符合社会和时代需要的市场营销高技能人才中发挥一定的作用。

2016年6月

前 言

　　公共关系是一门实践性很强的应用型学科，现在已成为各个商科类高等院校的重要课程。随着时代的发展越来越趋向经济全球化、政治多极化、文化多重化和信息网络化，公共关系已成为现代组织参与社会竞争的有效工具，其发挥的作用也越来越大。同时，公共关系也是指导人们日常行为、调整人际关系、提高个人素养与魅力的重要手段。因此，《公共关系实训》教材的出版具有非常重要的意义。

　　本教材由六大模块组成，具体包括：公共关系实训概述，简要陈述公关实训的意义、目标和内容安排；公共关系调研；公共关系策划；公共关系专题活动，对常见的新闻发布会、庆典活动和赞助活动等进行任务分析和实训说明；公共关系危机管理；公共关系礼仪，通过十一个分解任务，分别对着装、各种礼仪姿态、文明沟通、电话礼仪等进行任务分析和实训说明。

　　根据高等职业教育培养目标的层次结构要求，针对高等职业教育教学的特点，本教材在编写中以简明、实用、易操作为特色，以现实中的公共关系工作能力为出发点，按照理论够用、突出实践的思路，在简单介绍公共关系基本理论的基础上，结合实际工作岗位的需要，辅以鲜活且贴近现实的案例，详细介绍了实训的内容、方法与要求，并列举了教师在实训过程中的指导重点，以期培养学生的公关实践技能。

本教材不仅在内容上易于理解掌握，而且实用性较强，能够为具体的实践训练提供必要的指导和借鉴，既可作为高等职业院校培养应用型、技能型人才的公共关系教材，也可作为社会从业人员的业务参考书。

本教材由山西省财政税务专科学校郑洁编著。在编写过程中，作者参阅了大量相关文献资料，也得到了许多前辈、同行和出版社编辑人员的帮助与指正，在此一并表示衷心的感谢。

愿本教材能对公共关系实践教学有所裨益，同时也欢迎各界人士对书中的疏漏给予批评指正，以便再版时予以修正，使其日臻完善。

编　者

2016年5月

目 录

公共关系实训概述

一、公共关系实训的意义

公共关系学是一门实践性很强的应用型学科，因此在教学中突出实训是非常必要和重要的。公共关系实训的目的就是要加深学生对该课程基础理论知识的理解，强化能力与素质的培养，增强学生的实际操作能力和创新技能，有效地指导学生将理论知识应用于实践，提高学生的整体职业素养，通过各种公共关系技能的训练，培养学生的公关能力，使其成为"能动手、能操作，擅表达、擅沟通，会分析问题、解决问题"的技能应用型优秀人才。

二、公共关系实训的目标

（一）知识目标

1.掌握公关实训必备的基本理论知识。

2.掌握公关实训技能的操作原则与程序。

3.掌握公共关系礼仪知识。

4.掌握协调内外公共关系的主要内容与方法。

（二）能力目标

1.能针对公关任务开展公关调查：能确定调查项目，针对调查项目设计调查问卷，并采用不同调查方式进行调查；能整理统计调查数据并撰写调查报告。

2.能对公关任务进行公关策划：能够以科学的工作程序和方法为公关活动进行准备、构思与策划，并按照正确的格式与要求编写公关策划方案。

3.了解新闻发布会、庆典活动、赞助活动等公关专题活动的程序，能策划、准备并组织专题活动。

4.能根据危机管理计划开展危机预警工作、处理危机事件、控制危机事件过程中的信息传播，做好危机善后工作。

5.具备较强的公共关系意识与良好的公共关系礼仪与道德素养，能妥善处理各种人际矛盾，并与内外部公众进行有效沟通。

三、公共关系实训的内容与安排

公共关系实训的内容与安排见表0-1。

表0-1 公关实训内容与安排

项目	实训任务	实训课时数	备注
	实训项目一 公共关系调研	4学时	
	实训项目二 公共关系策划	3学时	

项目	实训任务	实训课时数	备注
实训项目三 公共关系 专题活动	任务一　新闻发布会的策划与组织	6学时	
	任务二　庆典活动的策划与组织		
	任务三　赞助活动的策划与组织		
实训项目四 公共关系危机管理		3学时	
实训项目五 公共关系 礼仪训练	任务一　着装训练	6学时	
	任务二　化妆训练		
	任务三　站姿训练		
	任务四　走姿训练		
	任务五　坐姿训练		
	任务六　蹲姿训练		
	任务七　手臂姿势训练		
	任务八　表情训练		
	任务九　文明沟通训练		
	任务十　电话礼仪训练		
	任务十一　公关礼仪综合训练		
合计		22学时	

四、实训方法简介

本课程的实训主要采取在设置的情境中进行角色模拟扮演的方法，力求使学生掌握解决实际公关问题的方法与技能。在每一个实训项目中，根据实训任务的要求，授课教师可设计特定的情境，学生以小组为单位、以所学理论知识为基础，通过分工合作的方式完成实训内容。根据实训内容的不同，教师可以采取多种实训方法，如角色扮演、主题讨论、案例分析等，以激发学生的创新意识，锻炼学生的沟通应变能力，充分发挥每位学生的优势与特长。

五、实训考核评价

每个实训项目完成后先由学生自评或互评，再由教师点评，最后综合评分，填写每个项目对应的考核评价表。课程结束时，将所有项目的考核评价表成绩进行综合。实训考核成绩分为优、良、中、及格、不及格五个等级。

实训项目一
公共关系调研

一、实训任务分解

1.制订调研方案。
2.设计调查问卷。
3.撰写调研报告。

二、能力目标要求

1.了解调研方案的内容与设计方法。
2.掌握调查问卷的设计原则与技巧，能根据岗位任务要求设计合格的调查问卷。
3.掌握调研报告的写作格式与要求。

三、实训情境设计

美特好超市为了提高其在行业内的竞争力，准备进行一次公共关系调研，以了解顾客对其产品和服务的感受与态度。要求学生以小组为单位，帮助美特好超市制订一份调研方案，设计调查问卷，并根据调查结果撰写调研报告。

四、实训要点指导

（一）公共关系调研的内容

公共关系调研包括以下几个方面的内容：

1.企业内部情况调研，如企业基本情况、企业经营状况、企业管理水平等。

2.企业外部公众调研，如企业的公众情况调研、企业在公众心目中的形象调研、社会公众评价调研。

3.社会环境调研，如政策及法律环境调研、行业发展环境调研、社会问题调研等。

（二）公共关系调研方案的组成内容

公共关系调研方案也称公共关系调研计划。不同项目的调研方案有所区别，但一般来讲都应该包括以下组成部分：前言、调研课题的目的与意义、调研内容和具体项目、调研对象、调研的方式方法、调研组织计划安排、经费预算、调研结果表述形式等。

（三）调查问卷的设计原则

设计调查问卷时应注意以下原则：所提问题是必要的；所提问题是顾客了解的；提出问题时不要拐弯抹角；交替采用多种提问方式；注意询问语句的措辞和语气，如避免提出带有引导性或暗示性的问题、避免提出令人尴尬的问题等。

（四）调查问卷的组成

调查问卷也称调查表，用来反映调查的具体内容，是实现调查目的和任务的一种重要工具。调查问卷一般由标题、致被调查者的信、填表说明、主题内容、编号和调查实施情况记录等几部分构成。

（五）调研报告的格式

规范的调研报告一般应该包括以下六个部分：

1.标题，可以是直叙式标题或观点式标题。

2.序言，介绍调研活动的基本情况。

3.摘要，包括为什么调研、如何调研、有什么发现、其意义是什么、采取什么措施等。

4.正文，即调研报告的主体部分，包括陈述情况、列举调研材料、分析论证等。

5.结尾，即调查者对问题的结论与建议。

6.附件，即对报告正文的补充，包括数据统计汇总、背景材料、问卷样本等。

五、实训操作步骤

公共关系调研工作要求公关人员运用定量和定性的调查方法，有计划地收集公众对组织的评价信息，准确了解公众对组织的意见、态度，并从中分析和确定社会环境状况、组织的公共关系状态及其存在的问题，从而为下一步制订切实可行的公共关系策划方案提供客观依据。在本项实训项目中，公关人员对组织的公共关系调研操作步骤如图 1-1 所示。

```
┌─────────────────────────────┐
│        确定调研目标          │
└──────────┐     ┌────────────┘
           └──╲ ╱──┘
┌─────────────────────────────┐
│        选择调研方法          │
└──────────┐     ┌────────────┘
           └──╲ ╱──┘
┌─────────────────────────────┐
│        制订调研方案          │
└──────────┐     ┌────────────┘
           └──╲ ╱──┘
┌─────────────────────────────┐
│        设计调查问卷          │
└──────────┐     ┌────────────┘
           └──╲ ╱──┘
┌─────────────────────────────┐
│        实施问卷调查          │
└──────────┐     ┌────────────┘
           └──╲ ╱──┘
┌─────────────────────────────┐
│        分析调查结果，        │
│        撰写调研报告          │
└─────────────────────────────┘
```

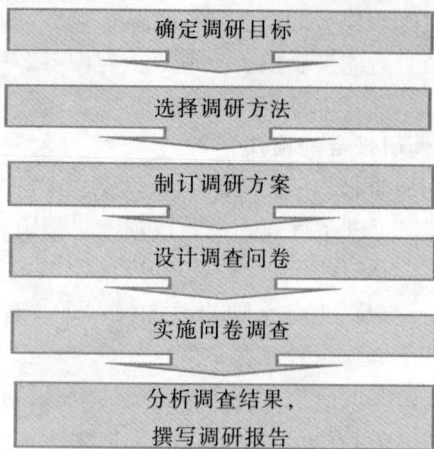

图 1-1　公共关系调研操作步骤

步骤一：确定调研目标

（一）了解企业情况

1.企业基本情况

2.企业经营状况

3.企业管理水平

（二）确定调研目标

1.了解企业管理层的意图

2.访问行业专家

3.收集并分析二手资料

步骤二：选择调研方法

（一）分析各种调研方法的特点及适用情况

1.分析观察法

2.分析访谈法

3.分析文献调查法

4.分析抽样调查法

5.分析问卷调查法

（二）选择调研方法
1.适用于本实训任务的调研方法

2.选择原因

　　　　　　　　　　　　　　公共关系实训

步骤三：制订调研方案

（一）调研准备工作

1.计划调研时间

2.组建调研团队

3.选出项目负责人

4.团队成员分工

5.明确调研人员职责要求

6.需要企业给予的支持配合

（二）制订调研方案

1.编写前言

2.确定调研的目的和意义

3.确定调研对象和调研范围

4.确定调研的内容和具体项目

5.确定调研提纲和调查表

6.确定调研时间和地点

7.确定调研方式和方法

8.确定研究分析方法

9.调研工作进度安排（见表1-1）

表1-1 　　　　公共关系调研计划进度表

工作与活动内容	时间	参与单位与人员	主要负责人	备注

10.确定调研经费预算（见表1-2）

表 1-2　　　　　　　　**公共关系调研经费预算表**

调查题目：

调查单位与主要负责人：

调查时间：

经费项目	数量	单价	金额	备注
资料费				
交通费				
食宿费				
统计费				
交际费				
调查费				
劳务费				
印刷费				
杂费				
⋮				
合计				

11.调研结果提交形式

12.附录

步骤四：设计调查问卷
（一）调查问卷的设计思路
1.格式

2.篇幅

3.题目数量

4.问题设计分类

5.问题排列顺序

6.封闭式题目比重

7.开放式题目比重

8.态度量表的设计安排

（二）调查问卷的题目设计

1.企业管理层要求必须设计的问题

2.同类问卷中经常设计的问题

3.针对本次调研目标设计的专门性问题

4.被调查者个人信息问题

5.其他事项说明

步骤五：实施问卷调查
（一）实施计划
1.实施问卷调查的时间

2.实施问卷调查的地点

3.调研人员出行路线与交通工具

4.与企业预约的时间及负责人

在为企业进行公共关系调研活动时，往往需要企业提供场地、服装、赠品等方面的支持，以及卫生、安全、秩序维护等方面的保障，这就需要有专人与企业进行预约，通常至少应提前3天预约，以给企业充足的准备时间。

（二）调研人员仪表

1.仪容仪表

2.着装要求

3.言谈举止

4.精神面貌

5.礼貌用语

（三）调研人员装备

1.基本文具

2.文件资料

3.宣传工具

4.赠品

5.其他

（四）观察并选择被调查者

1.超市入口处顾客的特点

2.超市出口处顾客的购买情况

3.超市内不同顾客对商品的选购情况

4.超市收银台处顾客的特点

5.选择被调查者时应考虑的因素

（五）邀请调查并致谢
1.选定的被调查者的特征

2.向被调查者打招呼

3.向被调查者做自我介绍

4.邀请对方参与调查

5.当被调查者同意参与调查时，调研人员的做法

6.当被调查者拒绝参与调查时，调研人员的做法

7.问卷调查结束时，调研人员的做法

8.其他

步骤六：分析调查结果，撰写调研报告

（一）汇总整理调查问卷

1.汇总整理调查问卷的人员及负责人

2.汇总整理调查问卷的方法与要求

（二）统计问卷结果

1.统计问卷结果的人员及负责人

2.统计问卷结果的记录

（三）分析问卷结果

1.分析问卷结果的人员及负责人

公共关系实训

2.分析问卷结果的方法

3.分析得出的结论

(四）撰写调研报告
1.构思

2.选取调研的信息和数据

3.拟定提纲

4.撰写初稿

5.修改定稿

六、案例分析讨论

案例一

编号：

学生会工作调查问卷

亲爱的同学：

你好！学生会是学生与学校以及外界联系的桥梁和纽带，为了使学生会更好地开展工作，为学生办实事，我们组织了此次问卷调查。本次调查采用无记名的方式进行，对于您的信息我们保证只作为研究使用，不做其他用途，请放心选择与填写，谢谢！

1.你认为学生会的主要职责是（　　　）。

A.组织学生娱乐活动

B.为同学们解决学习、生活及工作上的难题

C.学校与学生沟通的桥梁和纽带

D.其他

2.你认为现任学生会（　　　）。

A.办事多、效果好　　　　B.办事多、效果差

C.办事少、效果好　　　　D.办事少、效果差

3.你是否想加入学生会?（   ）

A.很想　　　　　　　　B.想

C.无所谓　　　　　　　D.不想

4.你认为自己或者周围同学加入学生会的真正目的是（   ）。（可多选）

A.锻炼自己某方面的能力

B.真正为同学们做点事情

C.通过课外活动为自己的综合考评加分，为取得奖学金打基础

D.认识一批志同道合的人，扩大人际交往圈

E.加入学生会是一种荣誉，在同学中很有面子

F.为同学们说话，反映同学们的意见

G.从小就是学生干部，是一种习惯

H.纯粹是随大流，看别人加入自己也加入

I.其他

5.你对学生会及其开展的活动的熟悉程度是（   ）。

A.非常熟悉，几乎了解学生会组织的所有活动

B.一般，只知道学生会组织的大型活动

C.偶尔从宣传海报或其他人口中得知学生会组织的一些活动

D.从不关心，仅仅知道有学生会这样一个组织

E.从未看到过有关学生会组织活动的各类通知

6.你认为学生会应该多组织哪些方面的活动?（   ）

A.学术交流活动　　　　B.文体娱乐活动

C.社会实践活动　　　　D.其他

7.总体来说，你对现任学生会的工作满意吗？（　　）

A.非常满意，学生会的工作让我们有了丰富的课余生活

B.比较满意，学生会的工作虽然有很多不足，但学生会毕竟为此付出了很多努力

C.一般，学生会也许做了不少工作，但是除了几个大型的活动，其他活动我都不清楚

D.不怎么满意，学生会很少做有实质意义的事情

E.非常不满意，不知道学生会都做过什么，也不知道这个组织是干什么的

8.你对学生会最不满意的是（　　）。（可多选）

A.干部官僚化，总觉得自己高人一等

B.干部权力过大，学校和学生对学生会缺乏有力管理与监督

C.学生会没有透明化、公开化，大家都不了解其是怎么运作的

D.其他

9.你对学生会的期望和建议是什么？

再次感谢您的参与，谢谢合作！

学生会工作调研报告

一、调查目的

了解同学们对学生会工作的满意程度，同时获得同学们的反馈意见，以促进今后工作的完善和提高。

二、调查方法

问卷调查。

三、调查样本

从不同年级、不同专业的同学中选取学生会干部1.5%、非学生会干部98.5%作为被访者，发放调查问卷120份，回收87份，回收率为72.5%。

四、调查机构

学生联合调查小组。

五、调查结论

1.41.5%的同学认为学生会的主要职责是为同学们解决学习困难，由此可以看出，学生会要加大对同学们的帮助力度。

2.55.4%的同学认为学生会办事少、效果差，说明学生会要重新审视和调整自己的工作方式，提高工作效率，重视同学们反映的情况，一切以同学们的利益为出发点。

3.对于学生会举办的活动，同学们基本上是不熟悉的，54.5%的同学是从学生会的宣传中了解到活动情况的，对于大型活动知道一点，但是对于其他活动就不知道了。结果显示，学生会需要加大活动宣传力度。

4.对于今后要举办的活动，38.8%的同学希望学生会举办更多的社会实践活动，说明学生会应该加强这方面活动的开展，以满足同学们的需要。

5.25.6%的同学对学生会不太满意，认为学生会很少做有实际意义的事情。这说明学生会应该认真反省自己的工作目的，以更好地发挥作用。同学们的评价是一面很好的镜子，希望学生会采取有效的措施，为同学们多做实事，争取让同学们都满意。

6.对学生会最不满意的情况调查，25.6%的同学认为是干部官僚化，学生会干部总认为自己高出普通同学一等，20.99%的同学认为是干部权力过大，学校和学生对学生会缺乏有力的管理和监督。这说明学生会干部对自身的职责与权利认识不清，需要加强学生干部队伍建设，尤其是干部形象建设，使学生会干部在同学们的心目中树立起良好的形象。

资料来源　潘彦维、杨军. 公共关系［M］. 北京：北京师范大学出版社，2001.

讨论：

1.设计调查问卷时应注意什么？

2.撰写公共关系调研报告时有哪些注意事项？

七、实训效果评价

通过学生自评、学生互评、教师点评三种形式，对学生在实训过程中所体现出来的人员素质、实训态度、工作能力、实训结果等各个方面进行综合考核，并填写公共关系调研考核评价表，见表1-3。

表1-3　　　　　**公共关系调研考核评价表**

班级：　　　　　考核对象：　　　　　考核时间：

考评内容	考评标准	分值	评分
公共关系调研	调研人员仪表得体、仪容整洁、仪态大方	10	
	普通话标准、表达清楚、沟通有效	10	
	在实训中认真负责，积极参加各项任务活动	10	
	能灵活应对调研活动中的突发问题	10	
	调研方案设计合理、切实可行、内容全面	10	
	调查问卷内容设计合理，问题设计恰当，版面美观	15	
	调查结果的整理统计方法适当，能够发现问题	10	
	调研报告格式规范、内容全面、语言流畅、叙述有条理	15	
	能在规定时间内介绍调研过程并展示成果	10	
合计		100	

评语

注：考评满分为100分，60~70分为及格，71~80分为中等，81~90分为良好，91分以上为优秀。（该表可复印后灵活用于教学）

实训项目二
公共关系策划

一、实训任务分解

1.为公共关系活动进行策划准备与构思。

2.编写公关策划方案。

二、能力目标要求

1.掌握公共关系策划的工作内容。

2.掌握公共关系策划的程序与方法。

3.掌握公关策划方案的写作要求和格式。

三、实训情境设计

为了丰富学生的课余生活，某高校计划开展校园歌手大赛。请以此为实训情境，将学生分组，每组4~6人，以小组为单位，分工合作完成该主题活动的策划工作。

四、实训要点指导

(一) 公关策划的原则

公共关系工作的中心环节是公关策划，组织形象管理工作是否有效在很大程度上取决于策划的成败。因此，公关人员在进行公共关系策划时，应遵守如下原则：

1. 目的性原则

公共关系策划要有目的性，策划的目的性决定了策划的针对性。只有目的明确，具体项目的开展才有依据，公关活动才能有的放矢地进行。

2. 公众性原则

公众是组织公关的对象，公关的目的就是要赢得公众的心，因此，开展公关策划要始终坚持把公众利益放在首位，只有这样，组织才能得到公众的好评，才能使自身获得长远利益。

3. 创新性原则

策划需要创新。创新就是：创意要新颖，手法不落俗套，内容贴近公众，时机恰到好处，规模恰如其分。

(二) 公关策划的过程

1. 准备与构思阶段。

2. 分析策划与经费预算阶段。

3. 策划书形成阶段。

(三) 公关策划方案的构成要素

公关策划方案没有定式，一般根据策划者的实际需要和文笔风格来撰写。但无论方案的形式、内容有着怎样的差别，其应当包括的基本要素都是一样的。

一份完整的公关策划方案应当包括8个基本要素，即5W、2H、1E。

What（什么）——策划的目的、内容。

Who（谁）——策划组织者、策划者、策划涉及的公众。

Where（何处）——方案实施的地点。

When（何时）——方案实施的时机。

Why（为什么）——策划的缘由。

How（如何）——策划的方法和实施形式。

How much（多少）——方案的预算。

Effect（效果）——方案的预期效果。

（四）公关活动的模式

公关活动的模式就是由一定的公关目标和任务，以及为实现这种目标和任务所应用的一整套工作方法系统。在对公关活动进行策划构思时，要根据事先确定的主题和公众来选择公关活动的模式。公关活动的模式见表2-1。

表2-1　　　　　　　　　**公关活动的模式**

模式	含义	工作内容或形式	特点
宣传型公关	利用各种传播媒介直接向公众表白自己，以求最迅速地将组织信息传输出去，形成有利于自己的社会舆论	公关广告、记者招待会、产品发布会、内部刊物	主导性强、时效性强、范围广、能迅速实现沟通，但传播层次浅、信息反馈少

模式	含义	工作内容或形式	特点
交际型公关	以人际交往为主，目的是通过人与人的直接接触，为组织广结良缘，建立社会关系网络，创造良好的发展环境	招待会、宴会、专访、个人信函等	灵活而富有人情味，使公关效果直达感情层次，但是活动范围小、费用高，因此适用于少数重点公众
服务型公关	以提供各种实惠的服务工作为主，目的是以实际行动获得社会公众的好评，树立组织的良好形象	售后服务、消费引导、便民服务、义务咨询等	能够有效地使人际沟通达到行动层次，是实在的公共关系
社会型公关	以各种社会性、赞助性、公益性的活动为主，组织通过对社会困难行业的8实际支持，为自己的信誉进行投资	开业庆典、赞助文体、救灾扶贫、社会福利等	公益性强、文化性强，但耗资较大，应量力而行
征询型公关	以采集信息、调查舆论、收集民意为主，目的是通过掌握信息和舆论，为组织的管理和决策提供参考	建立信访接待制度，进行民意调查，设立监督电话，处理举报与投诉等	时间长、情况复杂、任务艰巨

实训项目二 公共关系策划 33

（五）如何确定公众

公共关系活动目标公众的确定很难有一个统一的标准，但基本的原则是考虑活动目标、组织实力和组织需要三个方面的因素，然后由各个组织灵活确定。

1.以活动目标划定公众范围

这种划分强调的是公众的关联性。比如某学校为了宣传自己的办学成果组织了一场人才交流会，那么与人才交流会相关联的公众主要是应届毕业生、招聘单位、新闻单位、人才交流部门、毕业生家长及部分教职工，而不是毕业班学生和他们的家长等明显与此次活动关联性较低的公众。

2.以组织实力划定目标公众

这种划分强调的是重要性。在公共关系活动中，有时组织面对的公众范围极广，但由于人力有限、经费不足，因此不能面面俱到。这时应将有关公众按与组织关系的密切程度、影响的大小、相关事情的急缓等因素进行排序，选出最重要的公众作为目标公众。

3.以组织需要决定目标公众

这种划分强调的是影响度。当组织出现形象危机的时候，目标公众应首选逆意公众和行动公众，以防止危机扩散和加剧。

（六）如何设计公关活动主题

主题的表现方式多种多样，它可以是一个口号，也可以是一句陈述或一句表白。主题设计是否精彩恰当，对公关活动的效果影响很大。要设计出一个好的主题，必须满足以下四个要求：

第一，公关主题必须与公关目标相一致，并能充分表现目标。

第二，公关主题要适应公众心理的需要，既要富有激情，又要使人感到亲切。

第三，公关主题应独特新颖，富有个性，突出活动的特色，能够给人留下深刻的印象。

第四，公关主题的表述应做到简短凝练，易于记忆和传播。

主题策划还要考虑到不同阶段公关目标的特点，使之具有针对性。

（七）如何选择传播媒介

不同的传播媒介都有自身的特性，既各有所长，又各有所短，只有选择合适的媒介，才能取得良好的传播效果。在选择传播媒介时，应注意以下几个方面：

1.根据公关工作的目标选择传播媒介

选择媒介首先应着眼于组织公共关系的目标和要求。如果组织的目标是提高知名度，则可以选择大众传播媒介。如果组织的目标是缓和内部紧张关系，则可以通过人际传播与群体传播，或通过会谈、对话等方式加以解决。如果公共关系主题是联络感情、社会交往，就可利用招待会、茶话会、联谊会、信件来往等活动争取公众的信任与好感。如果公共关系主题是改变公众的态度、引导公众的行为，就可采用售后服务、消费指导、赞助、支持公益活动等方式，通过纪念、庆祝等大型社会活动来维护和树立组织的良好形象。

2.根据不同公关对象选择传播媒介

不同的对象适用于不同的传播媒介，要想将信息有效地传达给目标公众，就必须考虑目标公众的经济状况、受教育程度、职业特点、生活方式及他们通常接受信息的习惯等，根据这些情况决定选用什么样的媒介。比如，对于流动性较大的出租汽车司机，最好采用广播电台；要引起儿童的注意和兴趣，制作电视节目和卡通片的效果最好；对于文化水平较低又没有电视的山区农民，宜采用有线广播与人际传播；对于喜欢阅读思考的知识分子，应多采用报纸、杂志等传播媒介。

3.根据传播内容选择传播媒介

不论是个体传播、群体传播还是大众传播，每种形式都有鲜明的特点和一定的适用范围。选择媒介时，应将信息内容的特点和各种传播媒介的优劣势结合起来考虑。比如，对于内容较简单的快讯可以选择广播，因为它覆盖面广、传播速度快，对文化水平的要求不高；对于较复杂、需要反复思考才能明白的内容，最好选择印刷媒介（如报纸、杂志、图书等），这样可以使人从容研读，慢慢品味；对于开张仪式、大型公共关系活动的盛况，采用电视电影则表现生动、逼真，能产生非常诱人的效果。还需要注意的是：对于只对本地区有意义的信息，不要选用全国性的传播媒介；对于只对一小部分特定公众有意义的消息，没必要采用大众传播媒介；对于个别消费者的投诉，只需要面约商谈或书信往来。

4.根据经济条件选择传播媒介

俗话说："看菜吃饭，量体裁衣。"组织的公共关系活动经费一般都很有限，而越是现代化的传播媒介，费用越高。所以，成功的公共关系策划必须选择恰当的媒介和方式，以较少的开支争取最好的传播效果。

（八）公关策划方案的格式

为了方便学习，教师要对公关策划方案的基本格式做一个简单说明。公关策划方案的基本格式包括以下五项：

1.封面

策划方案的封面不需要过多考虑设计的精美，但是文字书写以及排列应当大小协调、布局合理，纸张只要略微比正文厚些即可。封面一般包括以下内容：

（1）题目。题目必须具体清楚，让人一目了然。

（2）策划者单位或个人名称。方案如系团队完成，可署团队及单位名称，对其中起主要作用的个人，可在之后署名；方案如系个人完成，则直接署名。

（3）策划方案完成日期。写明年、月、日，甚至时、分。

（4）编号。

（5）在需要的情况下，可考虑在封面上简洁地加上说明或内容提要。

（6）如策划方案尚属草稿或初稿，建议在标题下面用括号注明。

2.序文

并非所有的策划方案都需要加序文，除非方案内容较多、较复杂，才有必要做一个引导或提举。

3.目录

与序文相同，除非方案头绪较多或者较复杂，才有做目录的必要。目录是标题的细化和明确化，要做到让读者看过标题和目录后，便知道整个方案的概貌。

4.正文

正文即对策划要素的表述和演绎。正文的写作要周到，以纲目式为好，不必过分详尽地加以描述和渲染，也不要给人杂乱和枯燥的感觉。正文的主要内容应包括：

（1）活动背景分析；

（2）活动主题；

（3）活动宗旨和目标；

（4）基本活动程序；

（5）传播与沟通方案；

（6）经费预算；

（7）效果预测。

5.附件

重要的附件通常有：

（1）活动筹备工作日程推进表。

（2）有关人员职责分配表。

（3）经费开支明细预算表。

（4）活动所需物品一览表。

（5）场地使用安排表。

（6）相关资料：提供参考的辅助性材料，并非必须。

（7）注意事项：将策划方案实施过程中应当注意的事项做重点提示。

五、实训操作步骤

公共关系策划的核心是解决以下三个问题：一是如何寻求传播沟通的内容和易于公众接受的方式；二是如何提高传播与沟通的效能；三是如何完善公共关系工作体系。对于本实训情境中的校园歌手大赛，公关人员的策划工作操作步骤如图2-1所示。

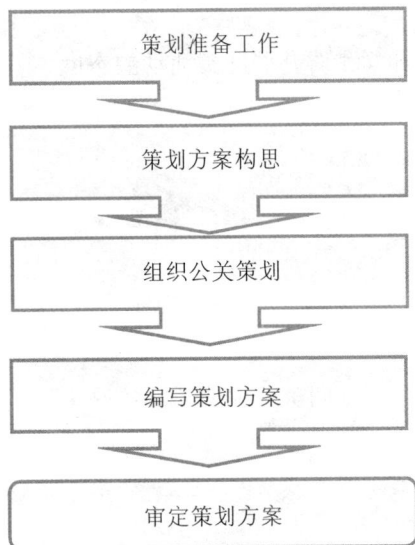

策划准备工作

↓

策划方案构思

↓

组织公关策划

↓

编写策划方案

↓

审定策划方案

图2-1 公关人员的策划工作操作步骤

步骤一：策划准备工作

（一）信息准备

1.学校概况

2.往期公关活动的开展情况

3.学校和学生对开展此类活动的态度

原因

4.学生对往期同类活动的了解情况

原因

5.学生对往期同类活动的参与情况

原因

（二）组建策划团队
1.策划团队负责人

2.策划团队成员

3.成员分工

步骤二：策划方案构思
（一）分析前期调查结果

（二）同类活动在实施中遇到的障碍或出现的问题

（三）上述障碍或问题的解决措施

（四）确定策划目标

（五）明确目标公众

（六）明确公关模式

步骤三：组织公关策划
（一）活动筹备计划
1.工作计划

2.人员组织计划

3.活动进度计划

4.应急计划

（二）组织策划会议

1.确定会议议程

2.主持人

3.出席人选

4.会议通知

5.会议文件

6.会场布置

7.会议讨论

8.形成策划方案

9.预测效果

步骤四：编写策划方案

（一）明确策划方案的构成要素

1.5W

2.2H

3.1E

（二）校园歌手大赛策划方案内容

1.拟定题目

2.确立目标

3.提炼主题

4.界定公众

5.时空选择

6.主持人及其服装

7.评委人选

8.大赛项目

9.工作人员及其职责

10.校内宣传方式

11.选择媒体

12.应急方案

13.经费预算（见表2-2）

表2-2　　　　　校园歌手大赛经费预算表

序号	项目	规格	单价	数量	金额	备注
1	宣传广告费					
2	联络通信费					
3	场地租金					
4	场地布置费、舞台搭设费					
5	资料印刷费					
6	摄影费					
7	礼品采购费					

序号	项目	规格	单价	数量	金额	备注
8	交通运输费					
9	工作人员工资					
10	设备租赁费					
11	演出道具采购费					
12	餐费					
13	接待费					
14	预留费用					
15	赞助费					
合计						

14.其他

步骤五：审定策划方案

（一）审定评价标准

1.方案的主题

2.方案的科学性和完整性

3.方案的可操作性

4.经费开支

（二）论证审定结果

六、案例分析讨论

案　例

校园招聘会公关策划方案

一、活动背景

　　大学生在毕业时会面临许多方面的困难，本次活动的举办能够让广大同学亲身体验现场求职的实况和气氛，全方位、多角度地了解市场；同时，通过与专职指导就业的教师进行交流与沟通，同学们能够更好地为自己定位，能够结合自身优势为自己尽早规划就业方向与目标，能够更加现实地认识自己的发展前途和就业形势，能够获得更多的技巧以面对将来的就业压力。这次活动的举办对即将毕业的学生来说不仅是一次难得的实践机会，更具有良好的教育指导作用，能够让我校学子在就业方面赢在起跑线上。

二、活动主题

校园招聘会——你的人生从这里起航。

三、活动目标

1.更好地为广大毕业生服务。

2.为广大毕业生提供展现自我的平台。

3.让企业发现优秀人才，进行人才储备，有针对性地展开人力资源工作，并为企业以后在本校选拔优秀人才创造平台、提供机会。

4.让在校大学生体验招聘场面、了解招聘的礼仪，以提高在校大学生的应聘技巧。

四、活动程序

（一）筹划准备阶段

1.参加活动的企业确定大学生就业职位。

参加活动的企业应满足以下要求：

（1）有较高的知名度和美誉度；

（2）热心教育事业；

（3）对大学生有需求；

（4）拥有自己的独特企业文化。

2.以海报形式大力宣传这次活动。

3.联系相应企业的人力资源部门。

（二）活动宣传阶段

1.在学生公寓贴大量的宣传海报。

2.通过校学生会、院学生会干部将校园招聘会的基本信息传达给各班。

3.在校园主干道的黑板报上进行宣传。

（三）活动开展阶段

毕业生进场之后发给他们小传单，小传单上主要介绍这次活动的相关企业，如果毕业生对企业所提供的职位感兴趣，就会留下个人简历并对企业做进一步了解，最后与该企业签合同。

（四）后期整理阶段

招聘会结束后，整理好各个公司的资料，记录好每个公司的招聘情况，了解公司以后的招聘需求，做好学生到岗反馈工作，并与公司保持联系，做好协调工作。

五、活动方案

（一）前期指示牌宣传（设置指示牌）

1.设置地点：××科技大学文化交流活动中心。

2.设置形式：校园马路两旁设立停车位。

3.大小、高度：视实际情况而定，文字能大就大。

4.设计要求：使用比较醒目的标语。

5.时间要求：于活动开始前10天设置好。

6.目的：提升知名度，引发好奇心，树立一定的知名度。

（二）招聘会活动策划方案

1.主题：你的人生从这里起航。

2.活动时间：2015年12月12—15日。

3.活动地点：××科技大学文化交流活动中心。

4.活动概况：邀请100家企业参加此次招聘活动，估计好参加的大学生人数，在活动地点摆放足够的设施，以便随时备用。

5.活动细则及注意事项：

（1）刊登活动广告。

①时间：活动开始前10天。

②媒介：《××市日报》《××报》。

③版面：1/4版。

（2）活动准备工作要充分。

六、后期总结工作

招聘会结束后，在收集整理好各个公司的资料、招聘要求和情况的基础上，对本次校园招聘活动方案的策划与实施做出总结，特别是对于应当加以改进的方面要提出改进建议或方案。

资料来源　根据相关资料整理。

讨论：

公关活动策划的要素有哪些？

七、实训效果评价

实训结束后，要求学生展示书面策划方案，并对方案进行陈述。通过学生自评、学生互评、教师点评三种形式对学生在实训过程中所体现出来的人员素质、实训态度、工作能力、实训结果等各个方面进行综合考核，并填写公共关系策划考核评价表，见表2-3。

表2-3 **公共关系策划考核评价表**

班级： 考核对象： 考核时间：

考评内容	考评标准	分值	评分
公共关系策划	调研人员仪表得体、仪容整洁、仪态大方	10	
	普通话标准，对策划方案的陈述表达清楚	10	
	在实训中认真负责，积极参加各项活动	10	
	前期准备工作充分，保证了后续工作的顺利开展	10	
	能灵活应对调研活动中的突发问题	10	
	策划会议准备充分、召开有序	10	
	策划方案的构思独特有创意、合理全面	10	
	策划方案中各项目的内容设计合理紧凑、可操作性强	10	
	策划方案的格式规范、内容全面、语言流畅、叙述有条理	10	
	能在规定时间内完成策划方案的编写	10	
合计		100	

评语

考评满分为100分，60~70分为及格，71~80分为中等，81~90分为良好，91分以上为优秀。（该表可复印后灵活用于教学）

实训项目三
公共关系专题活动

实训任务一　新闻发布会的策划与组织

一、实训任务分解

1.制订新闻发布计划。

2.主持新闻发布活动。

二、能力目标要求

1.熟悉新闻发布会的作用、类型、特点。

2.熟悉新闻发布会的程序、对新闻发言人的基本要求。

三、实训内容与步骤

（一）新闻发布会之筹备会议训练

【实训目的】

了解新闻发布会的作用、类型、内容以及程序。

【实训要求】

1.全班4～5人为一组，分成若干小组。

2.以小组为单位，讨论新闻发布会的作用。

3.以小组为单位，讨论新闻发布会的提案。

4.以小组为单位，讨论新闻发布会上所要提及的主题和内容、需要准备的材料、发布会的时间和地点、人员的安排、嘉宾的邀请。

5.以小组为单位总结讨论提案及新闻发布会的流程。

【实训步骤】

步骤一：说明"新闻发布会的作用"，要求语句及内容完整，表述清楚。

步骤二：经过讨论，制定新闻发布会上具体活动的内容，要求具有可操作性和创新性。

步骤三：经过讨论，明确新闻发布会各环节要考虑和准备的内容，以书面形式提交提案。

步骤四：要求小组整理讨论文案，小组代表做发言，教师进行点评。

（二）案例分析

【实训目的】

通过对下面两个案例进行分析，加强对新闻发布会筹备材料和会议流程的理解，并能灵活运用。

【实训步骤】

步骤一：列举案例。

"北京残奥会火炬接力"新闻发布会

日期：2008年8月22日。

时间：14：00。

地点：北京奥运会主新闻中心。

新闻发布会聚焦：北京残奥会火炬28日点燃；两条路线将同时进行传递；残奥会火炬传递路线有五个原则；传递城市将公布路线。

主持人：各位新闻界的朋友下午好，非常高兴在北京奥运会主新闻中心和各位见面。今天是北京奥运会开赛以后的第14天，再有2天北京奥运会就要结束了，但是今天也是北京残奥会倒计时15天。北京残奥会和北京夏季奥运会一样，也会在奥运会开幕之前举行火炬传递仪式，今天的新闻发布会就是围绕这样的主题向大家介绍北京残奥会的火炬传递和点火仪式的有关情况。我们今天非常有幸请到了几位重要的领导和嘉宾，他们是北京奥组委执行副主席蒋效愚先生，中国残联理事长、北京奥组委执行副主席汤小泉女士，还有北京奥组委火炬中心的主任张明女士。在我们介绍情况之前，先请大家看一段火炬传递的短片。

（观看宣传片）

主持人：下面请北京奥组委执行副主席蒋效愚先生向各位介绍残奥会火炬传递的有关情况。

蒋效愚：各位记者朋友、女士们、先生们，大家下午好，还有2天给大家带来精彩和欢乐的北京奥运会就要结束了，在这里我要告诉大家，接下来的北京2008年残奥会同样会给大家带来许多惊喜和快乐。

北京2008年残奥会将在9月6日在北京举行。按照惯例，在残奥会之前，我们会举行残奥会的火炬接力传递活动，向世界宣告第13届残疾人奥运会的到来。

残奥圣火是残奥运动理想的最高象征，残奥火炬接力活动是残奥会的前奏，是传递和平、友谊、关爱的信息，是展示"精神寓于运动"的残奥文化理念的重要方式。残奥圣火凝聚着全世界六亿残疾人的情感，也抒发着人与人、人与社会、人与自然之间和谐的理想。作为残奥会的重要组成部分，残奥会火炬接力活动将使主办国有机会亲身感受残奥会的意义，同时也为举办国家和城市提供了展示自己的机会。

我将向大家介绍三个方面的主要情况，然后我将和汤小泉主席、张明主任一起回答记者朋友关心的问题。

第一，总体信息和传递安排。

北京残奥会火炬接力以"超越·融合·共享"为主题，以"点燃激情，奉献关爱"为口号，总行程大约13 000多千米，火炬手计划850名。中外火炬手将在中国11个省、自治区、直辖市的11个城市进行为期9天的传递活动，这将是"残健同行，和谐共创"的一次盛典。

北京残奥会的圣火采集仪式将在2008年8月28日上午10点30分以后在北京天坛举行。届时，党和国家领导人及国际残奥委会的主要负责人都将出席仪式。参照奥运会火种采集方式，残奥会圣火火种将使用凹面镜，利用聚光来点燃火种，这也寓意着采自太阳之火。

从8月29日到9月6日，为期9天的北京残奥会火炬接力的传递活动将沿着"中华文明"和"时代风采"两条路线同时进行。

"中华文明"线从北京出发，途经中国著名的文化古都以及历史名城西安、呼和浩特、长沙、南京、洛阳，充分展现了中华文明的悠久历史和壮丽秀美的自然风貌。

"时代风采"线同样从北京出发，途经深圳、武汉、上海、青岛、大连，在突出东部沿海地区经济建设在中国改革开放进程中起到的带头作用的同时，也展示了中部地区经济崛起的成果，集中展现了中国改革开放建设的伟大成就和时代风采。

9月5日，经过两条路线传递的残奥圣火将在北京汇集，并且在北京进行传递。9月6日，残奥圣火将到达残奥会主会场，也就是国家体育场鸟巢，点燃第13届残疾人奥运会的主火炬场。

第二，火炬手选拔。

北京残奥会火炬手计划是850名，其中残疾人火炬手大约占20%。火炬手主要由各传递城市、中国残疾人联合会、国际残奥委会、北京奥组委、北京残奥会各级赞助商来选拔。各个选拔主体采取有组织的系统推荐方式，严格履行评审程序，以完成火炬手的选拔工作。

第三，媒体服务信息。

北京残奥会火炬接力将制作官方公共信号，主要包括电视、文字、图片和音频信号，以供全球媒体免费使用。

官方信号制作团队将在每个传递日制作至少5分钟的电视视频素材、10张图片、5分钟音频和1篇中英文新闻稿供媒体使用。官方电视信号将通过全球卫星网来发布，具体信息可以参见北京残奥会火炬接力官方网站。官方图片、音频、新闻稿和电视信号镜头将通过残奥会火炬接力官方网站发布。此外，北京残奥会火炬接力官方网站还将及时发布有关传递路线安排、火炬手的事迹和其他相关信息。

感谢各位记者朋友对北京残奥会火炬接力的关注！北京奥运会即将结束，北京残奥会同样精彩。欢迎大家继续关注、报道好北京残奥会。我先介绍这些，谢谢大家！

主持人：现在我们把时间交给各位记者朋友，请大家提问。

香港TVB记者：有两个问题请教蒋主席，残奥会在火炬传递方面的安保会不会跟奥运会火炬传递的安保是一样的？

蒋效愚：残奥会火炬传递工作安全仍然是第一位的，我们高度重视残奥会火炬接力的安全工作，将本着平安有序、欢乐祥和的有机统一原则，做好残奥会火炬接力的安全保卫工作，以使更多的人能够享受到残奥会火炬传递带来的激情与欢乐。和奥运会一样，我们也有安保护跑手。考虑到残奥会的一些特点，其他的护跑手就不再选拔了，届时将有一些残奥会志愿者来承担相关的工作。

中央电视台记者：残奥会开幕式主火炬的点燃方式和残奥会最后一棒火炬手，能不能给我们透露一下？

蒋效愚：两个奥运同样精彩，这是我们的目标，奥运会开幕式最后一棒火炬手的选拔和点火方式受到了各方面的肯定和赞誉，十分精彩，我相信残奥会最后一棒的火炬手和火炬的点燃方式一样会给大家带来精彩。奥运会开幕式是最关键的核心机密，因此残奥会的点火方式和点火人也一样还需要保密，十分抱歉。

北京电视台记者：请问北京的传递路线是怎么安排的，有哪些火炬手，哪些是比较重要的传递点，现在能透露吗？

蒋效愚：残奥会在北京地区的火炬传递路线将和全国其他的残奥会传递城市路线编制遵循同样的原则，这个原则就是有利于体现残奥会"超越·融合·共享"的主题，有利于沿途群众观看火炬接力，有利于传递车队安全顺畅地行进，有利于新闻宣传和电视转播，符合安保工作需求。所以按照这个原则，北京正在编制路线中。过一些天，传递城市都将自己举行新闻发布会，来公布相关的具体传递路线安排。

（略）

主持人：谢谢各位记者朋友，也谢谢领导。在发布会结束之前，在这里有一个通知，8月28日上午10：30将在天坛举行残奥会的圣火仪式，而且还有北京残奥会火炬传递的启动仪式，诚邀各位记者朋友参加我们的仪式，参加者请在8月29日下午6：00之前报名。谢谢各位！

资料来源　佚名．第29届北京奥运会开幕式（2DVD）评测系列之"'北京残奥会火炬接力'新闻发布会"［EB/OL］．［2008-08-22］．http：//pingce.zhigou.com/c1906/b0/p4078633/a50000100.html?chapterid=324458

案例二

新闻发布会会议流程

主题：昆剧《一片桃花红》和《伤逝》上演新闻发布会。

会议准备：视频播放。

签到嘉宾VIP Room休息。

序幕：《一片桃花红》和《伤逝》精彩剧照、片断欣赏。（15分钟）

一、新闻发布会正式开始（14：00）

主持人开场白，介绍嘉宾。（5分钟）

二、嘉宾讲话

1.蔡正仁介绍上海昆剧团及《一片桃花红》《伤逝》的相关情况。（10分钟）

2.叶朗教授致辞。（10分钟）

3.罗怀臻谈《一片桃花红》的创作。（15分钟）

4.谷好好、张军现场表演《一片桃花红》片断。（5分钟）

5.岳美缇谈《伤逝》的排练体会。（15分钟）

6.黎安、沈昳丽现场表演《伤逝》片断。（5分钟）

三、媒体提问（20分钟）

四、嘉宾合影留念

五、新闻发布会结束（15：25）

最后做个别专访。

资料来源　佚名.新闻发布会会议流程［EB/OL］.［2006-11-29］.http://www.docin.com/p-55286487.html.

步骤二：讨论与操作。

1.通过案例分析，归纳案例中新闻发布会的流程。

2.结合实训任务一的内容，小组讨论设计自创公司新闻发布会的具体流程。

要求：能够抓住新闻发布会的关键点，联系所学理论，掌握各环节的知识要点，结合案例，通过讨论制定新闻发布会的流程，巩固知识点。

步骤三：教师指导总结。

四、实训要点指导

（一）新闻发布会的作用

新闻发布会，有时亦称记者招待会，是一个社会组织为了直接向新闻界发布有关组织信息、解释组织重大事件而举办的活动。对商业界而言，举办新闻发布会可以起到令众人关注的作用。新闻发布会是协调与新闻媒介之间相互关系的一种最重要的手段，是塑造企业形象、打造企业品牌文化的一种途径。

（二）新闻发布会的特点

新闻发布会是组织与新闻界保持联系的一种重要活动方式，是组织向公众传播信息的手段之一。新闻发布会的常规形式是：由某一个商界单位或几个相关的商界单位出面，将有关的新闻界人士邀请到一起，在特定的时间和特定的地点举行一次会议、宣布某一消息、说明某一活动，或者解释某一事件，尽可能地扩大信息的传播范围，树立良好的企业形象。举行新闻发布会必须有恰当的新闻由头，也就是新闻内容必须有价值。举办新闻发布会的目的是迅速及时地把组织的重要信息传播给社会公众，因而新闻发布会具有以下特点：

1. 正规隆重

形式正规，程序严谨，时间和空间安排恰当，邀请嘉宾和新闻界人士针对性强。

2. 沟通活跃

双向互动，先发布新闻，后请记者提问。

3. 传播方式优越

新闻传播面广，包括报刊、电视、广播、网站等，能够集中发布（时间集中、人员集中、媒体集中），并迅速传播给公众。

（三）新闻发布会的准备工作

新闻发布会的准备工作包括主题确定、时空选择、人员安排、与会人员邀请、材料准备等。

1. 主题确定

召开新闻发布会之前，首先要确定主题。新闻发布会的主题是指新闻发布会的中心议题。一般以组织开业、周年纪念、经营方针改变、新产品发布、遇到重大事故、高级领导层发生变化、遭到社会舆论误解或批评等为常规的新闻发布会主题。另外，新闻发布会主题应集中、单一，不能同时发布几个不相关的信息。

2.时空选择

时空指的是新闻发布会的时间和地点。一般而言，新闻发布会的开始时间通常为上午 10 点或下午 3 点，持续 1～2 小时，同时应避开节假日、重大社会活动、其他单位的新闻发布会、与新闻界的宣传报道重点"撞车"或相左。具体时间一般选择事件前一个月或两个月左右，比如滑雪节 12 月 5 日召开，10 月中旬召开新闻发布会。

地点既可以考虑本单位所在地、活动或事件所在地，也可以考虑当地最具有影响力的建筑物、大型中心会场、宾馆多功能厅等。

现场场地背景可以选用主题背景板，内容含主题、会议日期，有的还写有召开城市，字体应美观大方，颜色可以企业 VI（形象识别）为基准。会场外可以做一些外围布置，如横幅、竖幅、飘空气球、拱形门等。

新闻发布会的席位摆放方法一般是主席台加下面的课桌式摆放。注意确定主席台人员。主席台应摆放席卡，以方便记者记录发言人姓名，摆放原则是"职位高者靠前靠中，自己人靠边靠后"。

现在很多发布会采用主席台只有主持人位和发言席，贵宾坐于下面第一排的方式。一些非正式、讨论性质的发布会还采用圆桌式的席位摆放方法。采用"回"字形席位摆放方法的发布会现在也较多，发言人坐在中间，两侧及对面摆放新闻记者座席，这样不仅便于沟通，也有利于摄影记者拍照。

同时，应注意席位的预留，一般在后排准备一些无桌子的座席。

3.人员安排

在准备新闻发布会时，主办方要做好相关人员的安排，最重要的是应选好主持人和发言人。通常，主持人为本单位的公关部部长、办公室主任或秘书长；发言人是会议的主角，一般由本单位的主要负责人担任，也可以设有专职新闻发言人。

除了主持人和发言人，还要精选一些本单位的员工负责会议现场的礼仪接待，按照惯例一般选择善于交际、应变能力较强的女性。

4.与会人员邀请

新闻发布会主要邀请的是新闻界人士，邀请媒体的技巧很重要，既要吸引记者参加，又不能过多透露将要发布的新闻，在媒体的选择上要有所侧重，并且具有针对性。

邀请的时间一般以提前3～5天为宜，发布会前一天可进行适当的提醒。对于经常联系的媒体记者，可以采取直接电话邀请的方式；对于不太熟悉的媒体或发布会内容比较严肃、庄重时，可以采取书面邀请函的方式。

邀请哪方面的新闻界人士，实际上和目前新闻媒体的类型有关系，新闻媒体可分为电视、广播、报纸、期刊、网络五种。在邀请与会记者时，应适当考虑不同类型新闻媒体的优缺点。

新闻发布会的内容不同，邀请新闻界人士时的侧重也应有所不同。如果举办新闻发布会是为了提高本组织的知名度，那么邀请的新闻媒体多多益善；当举办新闻发布会是为了说明某一活动或解释某一事件时，特别是当本组织处于守势时，邀请的新闻媒体的范围不宜过于宽泛，最好请那些影响力大、口碑好的新闻媒体到场。

5.材料准备

提供给新闻媒体的资料一般以广告手提袋或文件袋的形式，整理妥当并按顺序摆放后，在新闻发布会前发放。材料的摆放顺序依次为：

（1）会议议程。

（2）新闻通稿。

（3）演讲发言稿。

（4）发言人背景资料（包括头衔、主要经历、取得成就等）。

（5）公司宣传册。

（6）产品说明资料（如果是关于新产品的新闻发布的话）。

（7）有关图片。

（8）纪念品（或纪念品领用券）。

（9）企业新闻负责人名片（新闻发布后进一步采访，或者新闻发表后寄达联络）。

（10）空白信笺、笔（方便记者记录）。

（四）新闻发布会流程

新闻发布会流程如图3-1所示。

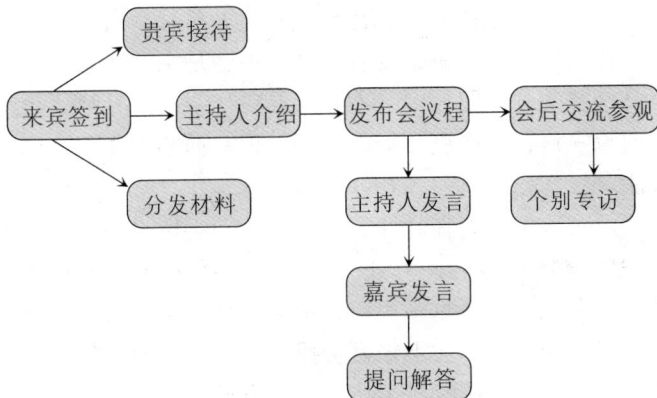

图3-1　新闻发布会流程图

（五）对新闻发言人和主持人的要求

记者由于职业习惯使然，因此提问大都尖锐深刻，有时甚至很棘手，这就对主持人和发言人提出了很高的要求。主持人和发言人必须头脑清醒、反应机敏，遇事沉着冷静，有较高的文化修养和口头表达能力。新闻发布会的主持人一般由具有较高专业技巧的公关人员担任；发言人一般由组织或部门的高级领导担任，因为他们清楚组织的整体情况、方针、政策和计划等问题，又具有权威性。

1.发言人和主持人要相互配合

主持人的工作职责是主持会议、引导问题。发言人的主要职责是主题发言、答复提问。特别强调的是，主持人和发言人必须保持一致的口径，不能公开互相反驳、相互拆台。对于记者的提问，发言人一般都要给出适当的回答。

发言人和主持人的言行代表着主办单位，所以其必须重视自己的措辞，讲话要有分寸。不管是主持还是回答问题，都要做到简明扼要，不要卖弄口才、口若悬河，更不能欺骗媒体，要坚决杜绝以旧闻、谎言搪塞媒体和公众的做法。

面对冷场或者临时冲突，发言人和主持人应适当地采用一些幽默风趣的语言或有寓意的典故来化解矛盾或尴尬。新闻记者大多见多识广，加之又是有备而来，所以一些记者在新闻发布会上经常会提出一些尖锐而又棘手的问题。遇到这种情况时，主持人要想方设法转移话题，发言人能答就答，不能答就巧妙闪避，要做到温文尔雅、谦恭敬人。

2.发言人和主持人要注意外表的修饰

在新闻发布会上，代表主办单位出场的主持人和发言人被新闻界人士视为主办单位的化身和代言人，新闻界人士通常会将他们和主办单位的整体形象画等号，所以在仪容、服饰方面，主持人和发言人一定要事先进行认真修饰。

按照惯例，主持人和发言人需要化淡妆，发型应当庄重大方。男士宜穿深色西服套装、黑袜黑鞋，并且打领带；女士宜穿单色套裙、肉色丝袜、黑色高跟皮鞋。服装必须干净，一般不佩戴首饰。

（六）举办新闻发布会应注意的事项

1.新闻发布会要安排得严密、有新意

新闻发布会的举办涉及组织者、公众尤其是新闻界等多方面的人士，因此会议要严密、有新意，既有规可循，又不拘于陈旧的形式，现场要严谨而不活跃。新闻发布会是组织向社会公众展示自身实力、提高自身形象的好时机，因此充分利用新闻发布会引导公众的心理倾向，能够使公众对组织产生良好的印象。

2.发布会现场道具一定要由专人管理

最主要的道具是麦克风和音响设备，如果有一些内容需要做电子展示，还要用到投影仪、笔记本电脑、网络连接设备、投影幕布等。相关设备在新闻发布会开始前要反复调试，保证不出现故障。

3.新闻发布会现场的背景布置和外围布置需要提前安排

一般在大堂、电梯口、转弯处应有引导指示欢迎牌，也可以提前安排礼仪小姐迎宾。如果是在企业内部安排新闻发布会，也要酌情安排人员做好媒体记者的引导工作。正式发布会开始前1~2个小时，检查一切准备工作是否完成，并制订意外情况应急方案。

4.主办单位全体员工密切合作，并求得各方的配合

在新闻发布会举行过程中，往往会出现这样或那样的问题，有时还会有难以预料的情况或变故出现，而要应付这些问题，主办单位全体员工应齐心协力、密切合作，代表主办单位出面的主持人和发言人要善于沉着应变、把握

全局。此外，要取得新闻发布会的成功，新闻发布会主办单位还要协调与新闻界人士的关系，求得各方的配合。主办单位的相关人员与新闻界人士打交道时应注意以下几点：

（1）要把新闻界人士当作自己真正的朋友对待。

（2）要对所有与会的新闻界人士一视同仁，不要有亲有疏、厚此薄彼。

（3）要尽量向新闻界人士提供对方所需要的信息，提供的信息要真实、准确、有时效性，不要弄虚作假，爆炒旧闻。

（4）要尊重新闻界人士的自我判断，不要拉拢收买对方，更不要打算去左右对方。

（5）要与新闻界人士保持联络，经常与对方互发信息，争取建立持久的关系。

（七）新闻发布会的几个误区

误区之一：没有新闻的新闻发布会。有些企业似乎有开发布会的嗜好，很多时候，企业并没有重大新闻，但为了保持一定的影响力，证明自己的存在，也要时不时地开个发布会。造成的后果是，企业虽然花了不少精力，但几乎没有回报。新闻的缺乏使得组织者往往在发布会的形式上挖空心思、绞尽脑汁，虽然很热闹，效果却不见得理想。如果过于喧宾夺主，会导致参会者记住了热闹的形式，却忘记了组织者想要表达的内容。

误区之二：新闻发布的主题不清。从企业的立场出发，主办单位恨不得把自己所有的光荣史一股脑儿展示出来，告诉媒体什么时候得了金奖、什么时候得到了认证、什么时候得了第一、什么时候捐资助学……但是偏离了主题的东西在媒体眼中，都形同废纸。

误区之三：回答提问含糊其辞。有的企业在新闻发布过程中，生怕暴露商业机密，凡涉及具体数据时总是含含糊糊，一谈到敏感话题就顾左右而言他，不是无可奉告就是正在调查。这样一来，媒体想知道的企业没办法提供，媒体不想听的企业又不厌其烦地讲，最终将导致发布会失败。

五、拓展训练

1.根据对公共关系专题活动之新闻发布会的学习与认识，阐述新闻发布会筹备工作的内容和重要性。

2.在新闻发布会中，主办单位对记者应采取什么态度？

3.主持人和发言人应该如何相互配合？

4.根据新闻发布会的筹备与召开流程，分析下面的案例。

案 例

教育部2010年第一次新闻发布会

时间：2010年1月27日10：00。

地点：教育部北楼二层报告厅。

主持人：教育部新闻发言人续梅。

发言人：教育部科学技术司司长谢焕忠、教育部人事司副巡视员赵丹龄、清华大学科研院常务副院长姜培学、四川大学科技处处长李彦。

内容：介绍高校通过科研项目吸纳毕业生就业工作的有关情况。

续梅：各位记者朋友大家上午好！很高兴又和大家见面了。今天我们召开的是教育部2010年第一次新闻发布会。新年要有新气象，所以我们发布会的时间做了一点小小的调整，从下午挪到上午，希望能够方便各位记者发稿。

各位记者朋友对我们教育部的新闻发布工作一贯给予高度的关注和支持，经常来参加我们的新闻发布会，仅仅是去年一年，出席我们新闻发布会、新闻通气会、采访团的记者大概有1 500多人次。借这个机会，我代表教育部新闻办对各位记者朋友对教育新闻宣传工作给予的大力支持和帮助，表示衷心的感谢！

（略）

谢焕忠：各位新闻界的朋友上午好！非常高兴给大家介绍从去年开始以来一直在做的一项工作，通过科研项目来吸纳毕业生就业的有关情况。

（略）

续梅：谢谢谢司长。下面请姜培学院长介绍清华大学落实这项政策的相关情况。

姜培学：（略）

续梅：谢谢姜院长。下面请李彦院长介绍四川大学开展科研项目吸纳大学毕业生的相关情况。

李彦：（略）

续梅：谢谢李彦院长，下面的时间留给记者朋友，欢迎大家提问。

（记者提问、发言人回答略）

续梅：时间关系，为了不占用更多记者的时间，个别记者还有问题可以会后再问。

刚才谢司长介绍了后天我们教育部还要召开科研项目吸纳大学毕业生相关座谈会，欢迎各位记者朋友关注。今天发布会到此结束，感谢台上的嘉宾，也感谢各位记者朋友的光临。下次再见。

资料来源　佚名．教育部2010年第一次新闻发布会［EB/OL］．［2010-01-27］．http://www.china.com.cn/zhibo/2010-01/27/content_19308935.htm?show=t.

实训任务二　庆典活动的策划与组织

一、实训任务分解

1.策划组织庆典活动。

2.对庆典活动的效果进行预测。

二、能力目标要求

1.熟悉庆典活动的作用、类型、基本流程。

2.熟悉庆典活动过程中应注意的事项。

三、实训内容与步骤

（一）××公司（自创）十周年纪念庆典活动准备训练

【实训目的】

通过本章的学习，掌握庆典筹备方式、议程安排及庆典的规范服务，了解庆典活动的类型，理解庆典活动的整体策划、组织，并能熟练应用与庆典活动相关的技能。

【实训要求】

1.全班4～5人为一组，分成若干小组。

2.以小组为单位，讨论十周年纪念庆典活动的准备工作。

3.以小组为单位，讨论十周年纪念庆典活动的具体内容。

4.以小组为单位，讨论十周年纪念庆典活动的仪式程序。

5.每组派代表在全班做总结发言。

【实训步骤】

步骤一：先讨论十周年庆典有没有必要举行。

步骤二：经过讨论，明确庆典活动的准备工作有哪些，要求思路清晰、表达清楚。

步骤三：经过讨论，得出活动方案提纲，要求具有创新性。

步骤四：经过讨论，设计出庆典活动的仪式程序，要求流程合理。

（二）案例分析

【实训目的】

通过对下面案例的分析，加强对庆典活动的理解，深刻理解庆典活动要具备创新性及庆典活动方案的设计。

【实训步骤】

步骤一：提出案例。

案　例

百年校庆专列

北京大学百年校庆出现了一趟世纪列车，这成为北京大学迎来百年诞辰的特别礼物，也是北大史上一则著名的公关案例。1998年，北京大学将举行百年校庆，给母校怎样的贺礼，这是北大未名生物集团的人早就开始考虑的问题。几位北大校友曾想过更换未名湖畔的旧椅子、为北大幼儿园添置新设施等方案，但后来都觉得没有发一趟校庆专列好。因为北大的百年是与祖国风雨同行的百年，北大的每一件大事都与中国的大事件紧密相连，而最能表达这个意境的就是一列列车。这是一列真实的列车，尽管有颠簸、有风雨，但始终是向前的。另外，深圳是改革开放的前沿，专列从深圳始发，象征着祖国沿着改革开放之路不断向前。

开这个专列还有一个切实的考虑：校友们毕业后即奔赴四面八方，从事不同的工作。工作的繁忙使他们很难有机会相聚畅谈，专列全程运行32个小时，校友们可以尽情畅谈交流。

基于以上种种考虑，百年校庆专列的大胆设想形成了。

这个创意得到了铁路部门及下属单位的大力支持。其还专门组织召开了由铁路部门与北大校庆筹备委员会共同参加的联席会议，会上专题研究了北大校庆筹备委员会提出的有关车内彩旗、横幅等的宣传布置问题，车上就餐问题，车上广播娱乐活动，老弱病残服务问题以及车上安全问题，并对这些问题逐一进行了协商。同时，为了保证落实，广州客运段还陪同北大校庆筹委会人员到站实地查看了16次列车车厢，为做好准备工作提供了条件。

1998年4月30日20：05，专列在庞大的欢送队伍的注视下顺利发车，激昂的情绪始终伴随着大家。"北大往事"演讲最初由一个车厢推举一人参加，后来则是大家踊跃报名，抢着要说。一名校友为百年校庆做了几首歌，一上车，他就教大家唱，许多车厢还开始对歌。由三节硬座车厢组成的"长明教室"，使很多人回想起了学校彻夜开放的教室，大家聊天、唱歌，久久不肯去睡。校友们在长5米、宽1米的条幅上签名留念，这条签名条幅将送到北大校史馆收存。列车每到一站，车上的校友就敲锣打鼓地下车迎接上车的校友，"欢迎北大专列'新生'"的横幅令每一个准备上车的校友深感亲切。一位已经60多岁的老校友说："'新生'两个字让我想起了刚入学的情景，仿佛自己又是一个无知的青年，再次回到了北大怀抱。"

资料来源　佚名. 公关案例：世纪列车　北京大学百年校庆活动分析［EB/OL］. ［2013-02-12］. http：//www.prywt.com/455.html.

步骤二：分小组思考及讨论。

（1）为什么要举行庆典活动？有何意义？

（2）庆典活动方案是如何顺利实施的？

（3）在该案例情境下，如何做到不断创新？

（4）该案例为庆典专题活动提供了怎样的启示？

步骤三：教师总结。

要求熟悉案例，讨论过程组织严密，同学参与性强，发言具有针对性，形成讨论结果。

四、实训要点指导

（一）庆典活动的作用和意义

庆典，是各种庆祝仪式的统称。在商务活动中，商务人员参加庆祝仪式的机会是很多的，既有可能是奉命为本单位组织一次庆祝仪式，也有可能是应邀出席外单位的某一次庆祝仪式。社会组织一般会在内部发生值得庆祝的重要事件时或在普天同庆的重大节日里举行隆重的庆典活动，这种庆典活动实际上也是一种展示组织形象、提高社会知名度的公关活动。

（二）庆典活动的类型

就内容而言，商界举行的庆典活动大致可以分为以下几类：

1.周年庆典

选择有意义的开业周年纪念日，举办多种形式的纪念活动，有助于巩固组织在公众心目中的形象，进一步提高组织的知名度和美誉度。周年庆典通常逢五年、十年进行，如新辉贸易公司二十周年庆典。

2.获得荣誉称号或嘉奖

组织荣获了某项荣誉称号或在国内外重大展评中获奖之后，基本上都会举行这类庆典。

3.取得重大成果的庆典

当组织在运营过程中取得重大成果时，为了迅速传播这一消息，提升本组织的美誉度，组织一般都会举行重大的庆祝活动，这样既可以鼓舞员工士气，又可以增加美誉度，如企业产量创××大关、设备正常运行××天等。

4.开业（幕）、通车或奠基庆典

开幕式是组织第一次与公众见面时开展的庆典活动，包括各种展览会、运动会以及各种文化类活动的开幕式。企业开业庆典、重要工程的开工或奠基庆典、重要道路通车庆典等，有助于提高本企业的知名度，能够迅速打开局面、有效吸引公众，因此此类开业典礼被人们普遍使用。

5.乔迁庆典

组织经常会因为生产规模扩大等原因进行搬迁，为了引起公众的关注和提高组织的社会影响力，在乔迁之际举办声势浩大的庆典活动是非常有必要的。

就形式而论，组织举行的各类庆典活动都有一个最大的共同点，那就是要务实而不务虚。若能由此增强本组织全体员工的凝聚力与荣誉感，并且使社会各界对本组织重新认识、刮目相看，那么大张旗鼓地举行庆典活动，多进行一些人、财、物的投入，任何理智、精明的商家都会在所不惜；反之，如果庆典对于宣传本组织的新形象、增强本组织全体员工的自豪感无用，那么举行一次庆典即使花不了几个钱，也没有必要好大喜功，非举办不可。

（三）庆典活动的准备工作及流程

庆典是庆祝活动的一种形式，以庆祝为主，因此庆典活动应尽可能安排得热烈、欢快而隆重。庆典活动的宗旨是塑造社会组织的形象、展示本组织的实力、扩大组织的影响力。组织一次庆典活动应注意两个方面：一是庆典活动的准备工作；二是庆典活动的流程。

1.庆典活动的准备工作

（1）确定主题。庆典活动的主题要明确、有创意，精心设计策划，并在前期做好宣传工作，如海报、广告等。

（2）邀请宾客。邀请的宾客可以是同行代表，也可以是公众代表以及新闻媒体。活动主办方应提前两周左右向被邀请的宾客寄送精美的请柬，并在活动前三天再次打电话确认。庆典活动中特别重要的嘉宾应提前一天打电话确认，以确保重要嘉宾当天能够准时出席。

（3）制订活动计划。活动计划的内容包括确定主持人、签到、安排人员接待工作、介绍重要嘉宾、重要来宾致辞、剪彩、安排参观活动或文艺演出等。

（4）布置场地。会场一般选择在室外，如本企业的大门口，或者较为宽敞的大厅。宾客所到之处以及仪式举行的地方可以铺上红色地毯，以示庄重和热烈；会场四周可以悬挂彩带、灯笼、气球、标语等，两侧可以摆放宾客赠送的花篮。根据庆典活动的内容，还应考虑一些特殊场地的需要，如烟花爆竹燃放区等。

（5）安排接待工作。接待工作主要是针对嘉宾而言的。对于重要嘉宾，可以安排专人接待；如果接待人员有限，应摆放好指示引导牌，分区域进行服务。接待服务人员应在胸前佩戴明显的工作牌，以方便宾客识别与求助，从而为宾客提供更好的服务。

（6）安排礼仪小姐。在开业仪式或奠基仪式中，可以安排礼仪小姐列队迎接，迎宾人数应比剪彩嘉宾多1人。礼仪小姐应统一着装，一般选择红色旗袍或礼服；发式应整齐统一，一般梳典雅的发髻；化淡妆。

（7）准备馈赠礼品。庆典活动上的馈赠礼品是一次很有效的宣传活动，所以在礼品的选择上要具备以下四个特点：第一，独特性。所谓独特性，就是别人没有的。礼品应具有创意、与众不同，从而给嘉宾留下深刻的印象。第二，象征性。礼品应具有一定的象征性，礼品的外形或内涵应体现庆典活动的内容。第三，纪念性。礼品应具有纪念价值，方便带走和保存。第四，宣传性。礼品可以作为宣传本企业的载体，企业可以在礼品上印上企业的标志、开业时间、广告语等有助于视觉识别的内容，以起到对外宣传的作用。

（8）提前发放宣传资料。庆典活动不仅是为了庆祝，更重要的是可以提高组织的知名度和美誉度，扩大社会影响力，所以相关的宣传资料应该准备充分，放置在门口、宣传袋等方便取阅的地方。同时，宣传资料也为新闻媒体提供了报道企业的背景资料等。

2.庆典活动的流程

庆典活动的流程如图3-2所示。

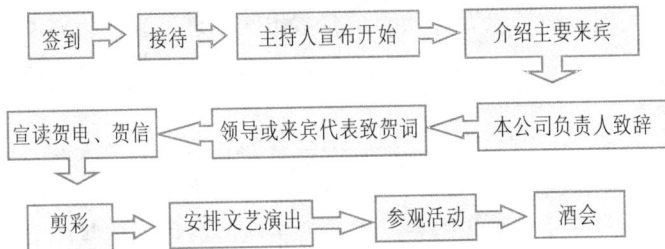

图3-2　庆典活动流程图

一次比较热烈、隆重、节约的庆典活动，应尽可能地按照预计的策划方案实施。程序通常是：签到—接待—主持人宣布开始—介绍主要来宾—本企业负责人致辞—嘉宾致辞—剪彩—文艺演出—参观活动—酒会。

签到是正式庆典活动开始前的工作，是渲染庆典活动气氛的有效方法，能为主宾双方提供相互交流的平台，所以不要忽略签到台的布置，签到台应设置在较华丽的门厅、通畅的走道等便于嘉宾交流的场所。

典礼正式开始之前，应采用灵活的方式渲染现场气氛，主持人要选择恰当的时机宣布典礼开始。

介绍嘉宾时要注意，既可以由组织内部地位较高的人员逐一介绍来宾，以表示庆典的规格，也可以请主持人介绍嘉宾。需要特别注意的是，介绍时要根据嘉宾的身份排列出先后顺序，通常按照由尊而卑的顺序进行介绍。

致辞是庆典活动中一个很重要的环节，最好准备书面的致辞，当然也允许邀请嘉宾即兴发挥。

剪彩活动是新开业的企业常用的一种形式。该活动一般由嘉宾参与，以增强参与性，形式上要规范隆重，从而把庆典活动推向一个高潮。

文艺演出、参观活动、酒会、助兴节目都是庆典活动经常安排的内容，正式的庆典活动时间不宜太长，应结合庆典的主要目的和内容安排符合主题的活动。这些活动可以扩大组织与公众之间的直接交流，使双方的关系更加密切。

（四）庆典活动过程中应注意的事项

庆典活动中涉及大量的音响设备和电路系统，这要求主办单位必须在事前做好充分的检查，以确保万无一失，同时应做好出现意外情况的补救准备，并请专业人员留守操作。

庆典活动一定要突出隆重、喜庆的场面。会场的布置需要花些心思，彩旗、礼花、鲜花、气球、鸽子、横幅、彩带、电子显示屏、立体宣传广告、模型等都可以选择，要独具匠心、安排周全。此外，热烈喜庆的庆典活动离不开对丰富多彩的表演节目的安排，如舞龙舞狮、文艺演出等，还可以有一些助兴活动，如游戏、猜谜、抽奖等。

如果庆典活动中有剪彩仪式，需要注意以下几个问题：

（1）剪彩花球一般比剪彩嘉宾多1个，还要准备锋利的剪刀、银色托盘、白色手套、红色地毯。

（2）剪彩开始前由主持人介绍剪彩嘉宾的单位、职务、姓名等，剪彩嘉宾则要在主持人宣布开始剪彩之后，面带微笑，庄严地一刀剪断彩带，并拿起剪刀向观众示意，剪彩完毕后向四周观众鼓掌致意。

五、拓展训练

1.根据对公共专题活动之庆典活动的学习与认识，讨论常见的庆典活动的类型以及活动的内容。

2.你所在的学校最近是否举办过庆典活动？如果举办过，试用所学内容分析该庆典活动的成功与不足之处。

实训任务三　赞助活动的策划与组织

一、实训任务分解

1.策划赞助活动。
2.组织赞助活动。

二、能力目标要求

1.熟悉赞助活动的作用、类型、基本流程。

2.熟悉赞助活动过程中应注意的事项。

三、实训内容与步骤

（一）策划一次围绕教育事业的赞助活动

【实训目的】

了解赞助活动的作用、类型、基本流程。

【实训要求】

1.全班4～5人为一组，分成若干小组。

2.以小组为单位，设计赞助活动的方式。

3.小组讨论，整理成书面材料。

【实训步骤】

步骤一：设计赞助活动的方式前，要明确赞助活动的作用和意义。

步骤二：经过讨论，掌握赞助活动的主要类型。

步骤三：经过讨论，了解赞助活动的流程。

步骤四：每组派代表在全班做总结发言，教师进行点评。

（二）案例分析

【实训目的】

通过案例分析，进一步加强对赞助活动的理解。

【实训步骤】

步骤一：提出案例。

安徽指南针教育管理中心向高校进行赞助活动

安徽指南针教育管理中心是指南针教育集团下属的一个大型培训咨询机构，其主要业务范围为教育、商务和职前信息咨询等。

安徽指南针教育管理中心通过与高校各个教育媒介长期合作，使得自身的品牌持续增值并发扬光大。自2004年起，安徽指南针教育管理中心连续4年赞助安徽师范大学、芜湖职业技术学院、安徽工程科技学院、安徽商贸职业技术学院，并成为2006年安徽师范大学运动会主赞助商。2007年，安徽指南针教育管理中心赞助了由各高校联合举办的芜湖市首届大学生英语角大赛，并引起了强烈的反响。2007年，安徽指南针教育管理中心决定与各高校联合发起解决在校贫困大学生学习、生活等困难问题的"阳光工程"。

1.公关目标

（1）进一步提高中心的知名度和美誉度，维护中心的良好社会形象。

（2）争取广泛的媒介覆盖率，扩大活动的影响力。

2.公关策划

（1）"阳光工程"旨在改善在校贫困大学生面临的困难问题，引起社会各界对在校贫困大学生面临的困难问题的高度关注，并利用自身的一些社会资源，有效解决在校贫困大学生面临的困难问题，有效传播中心的人文理念。

因此，这一工程能产生较大的社会影响力和号召力。

（2）为了使"阳光工程"产生预期的传播效应，中心策划了广告语——"关注在校贫困大学生，关注社会的未来精英"。同时，中心派出工作人员到各高校和相关单位制作宣传片，意欲造成强烈的视觉效果。在安徽师范大学和芜湖职业技术学院等高校举行的捐赠仪式上，中心邀请媒体进行直播报道。

3.项目实施

"阳光工程"由安徽指南针教育管理中心与各高校联合发起，是一项长年开展的赞助活动，旨在关注在校贫困大学生，解决在校贫困大学生面临的困难问题，从而为社会培养一批职场主力军。"阳光工程"希望爱的阳光洒满每一个本应是充满希望的在校贫困大学生。

4.活动形式

（1）安徽指南针教育管理中心与各用人单位继续为在校贫困大学生提供勤工俭学的机会。

（2）安徽指南针教育管理中心与各相关单位协作捐款，有关部门负责监督：实施方案以年度为单位，下一年度的方案视当年实施情况做具体调整，内容由安徽指南针教育管理中心和各高校协商确定。

5.活动进程

（1）2007年3月1日，安徽指南针"阳光工程"新闻发布会召开，到会嘉宾有安徽师范大学王校长、安徽工程科技学院李院长、皖南医学院张院长、芜湖职业技术学院宋院长、安徽商贸职业技术学院方院长、安徽指南针教育管理中心王主任，以及芜湖世纪华联副总经理、芜湖中原物流副总经理、深圳华强副总经理、芜湖伟星副总经理、芜湖中域全方位副总经理、芜湖融汇副总经理、芜湖海螺副总经理、芜湖长江轮船公司副总经理等。出席新闻发布会的新闻媒体有安徽电视台、芜湖广电总台，以及《安徽日报》《江淮晨报》《新安晚报》《安徽商报》《芜湖日报》《大江晚报》等；驻皖媒体有新华社安徽通讯分社、《人民日报》安徽编辑部、《中国青年报》安徽编辑部等。

（2）自3月22日起，"阳光工程"活动宣传片开始在安徽电视台播出。

（3）4月2日，首笔捐赠款项从指南针教育管理中心送出，共有8所高校接受了首笔捐赠。每个高校无偿获得赞助款项共计262 228元。与此同时，各相关用人单位也与8所高校签订了在校贫困大学生勤工俭学的合作协议，从而为在校贫困大学生提供了改变命运的机会。

6.项目评估

随着"阳光工程"新闻发布会的召开和安徽电视台活动宣传片的播出，"阳光工程"引起了社会各界人士的广泛关注。"阳光工程"新闻发布会有11家权威媒体参加，仅安徽师范大学捐赠仪式就有7家媒体参与报道。

这些活动有效地确立和输出了安徽指南针教育管理中心的形象，充分体现了中心关心下一代、不断回报社会的社会责任感，使得中心关注人文的理念更加深入人心，增强了中心在公众心中的亲和力，为中心的长远发展创造了更为良好的环境。

资料来源　根据相关资料整理。

步骤二：分小组思考及讨论。

（1）安徽指南针教育管理中心的赞助活动有何值得借鉴之处？

（2）结合本案例分析赞助的目的及重要意义。

步骤三：教师总结。

要求能够抓住事件的关键点，正确理解案例，联系所学理论，紧密联系案例事实加以论证，进一步深入理解赞助活动的策划与实施。

四、实训要点指导

（一）赞助活动的作用

赞助是组织为了赢得社会公众的支持，为组织的生存和发展创造良好的舆论环境而开展的。赞助活动一方面体现了组织的经济实力，另一方面表明了组织对承担社会责任的态度。举办赞助活动可以赢得社会的认可和赞扬，所以企业应重视搞好赞助活动。

赞助活动的开展对企业发展有利而无害，它的作用主要表现为以下几个方面：

1.提高知名度、美誉度

组织形象是公众对组织的看法和评价，良好的形象能帮助组织赢得更多的公众。组织开展公共关系活动的目的就是提高知名度和美誉度，树立良好的组织形象。

2.增强信任度

赞助活动从一个侧面证明了组织的经济实力，通过赞助活动做广告，能够增强广告的说服力和影响力，使得社会公众对组织更加信赖。

3.增进组织与公众之间的情感

赞助活动是采用以情动人的公共关系手段，通过为赞助对象提供无私的帮助，在情感上与之建立良好的关系，从而为组织创造良好的公共关系环境。

（二）赞助活动的主要类型

赞助活动的类型很多，涉及各个领域，大到一次世界级别的奥运会，小到一个小型的活动，都可以接受赞助者的支持。赞助活动的类型一般分为以下几种：

1.赞助体育事业

这是一种最常见的形式。随着体育产业的不断发展，体育活动或赛事也越来越多，人们对体育运动越来越关注。对体育事业的赞助可以提高该企业在公众心中的知名度。例如，国际奥委会的全球合作伙伴计划，每个周期含一届冬季奥运会和一届夏季奥运会，加入该计划的企业将获得"奥林匹克全球合作伙伴"的荣誉称号，还可以获得在全球范围内使用奥林匹克知识产权开展市场营销的权利，以及相关的一整套权益回报。联想、可口可乐、通用、恒康人寿、麦当劳、松下电器、三星、斯沃琪、威士国际组织等众多大型跨国企业都是"奥林匹克全球合作伙伴"。

2.赞助文化娱乐活动

文化娱乐活动主要包括电影、电视、主题公园、巡回音乐会、书画展、文学展、摄影展以及其他一些吸引社会公众的文化娱乐活动。组织赞助文化娱乐活动，不仅可以培养公众和组织之间的良好情感，而且吸引的公众多、影响力大，还可以提升公众和自身的修养。例如，蒙牛集团赞助湖南卫视的"超级女声"，蒙牛集团希望理解音乐并帮助音乐人，通过提供一个平台，用音乐来提升社会公众的文化生活水平，通过比较单纯的、商业色彩不是很浓的赞助活动来打动蒙牛公司的目标消费群体。

3.赞助教育事业

组织赞助教育事业有助于提高国民整体素质。随着科技的进步、科学的发展，教育事业对国家、社会的重要性越来越突出，教育事业颇受关注。赞助教育事业能够树立组织关心教育的良好形象。赞助教育事业的方式有很多，如资助学校贫困生、设立企业奖学金、支持希望工程、捐书捐物等。

4.赞助福利事业和慈善机构

这是组织和社区、政府搞好关系的重要途径，表明了组织对社会承担义务和责任的倾向。这种赞助最能以情动人，获得公众的支持，如赞助康复中心、修建敬老院、提供残疾人基金、提供医疗设施等。

5.赞助各种大型活动

随着产品同质化现象的日趋严重，常规的传播方式已经很难迅速提升企业的知名度和美誉度，因此，许多企业都把目光聚焦到了某个具体大型活动的赞助形式上。大型活动往往被公众所关注，企业赞助这类活动可以扩大知名度。例如，2013年6月15日，由美的·时代城赞助的"2013顺德大型龙舟巡游暨龙潭水乡文化节"吸引了逾十万名游客慕名而来。此次赞助活动不仅让更多人了解了美的地产进军杏坛的首个作品——美的·时代城，更展现了美的地产根植顺德、珍视顺德传统民俗文化的企业责任感和饮水思源的感恩之心。

6.赞助特殊活动

特殊活动主要是指救灾活动。我国地缘辽阔，抗灾能力较弱，组织通过赞助灾区，能够增进和公众之间的感情。

7.建立专项基金

组织可以建立专项基金专门支持某一领域，邵逸夫基金、包玉刚基金等。

8.赞助宣传用品的制作

赞助制作宣传用品，如日历、旅游图等。

（三）策划赞助活动的流程

1.前期调研

调研主要围绕组织形象从战略目标入手，选择正确的赞助对象、赞助主题、赞助形式，以及具体的赞助活动内容，充分做好赞助活动的可行性分析报告。组织应对赞助成本和效益进行预期分析，以确保组织、赞助对象以及社会同时受益。

2.制订计划

在前期调研的基础上，根据组织的赞助目的，公共关系部门应制订详细的可行性赞助计划。赞助计划一般包括赞助目的、赞助对象、赞助方式、赞助的费用预算、赞助活动的时间、预计效果评估等具体事项。

3.具体实施

组织根据计划安排专门的公关人员负责赞助活动的各个环节。在实施过程中，公关人员要充分发挥自身的潜能，有效采用公共关系手段和方法，尽可能扩大赞助活动的社会影响力，以使赞助活动产生最佳的效果。

4.效果评估

赞助活动完成以后，组织应对照计划对赞助活动的效果进行评估，总结各项指标，找出未完成或未达标的原因，分析本次活动的成败之处或差距所在，从而为以后的赞助活动提供经验、参考和借鉴。

（四）赞助活动应注意的事项

1.赞助活动的主题要符合企业自身的品牌定位

企业应该选择与目标消费群体关联度较高以及与企业品牌形象传播相匹配的赞助活动，通过赞助活动来传达企业理念或品牌理念。

2.赞助活动要符合企业的长远目标

赞助活动要考虑企业的长远目标，坚持长期的品牌战略方针，使企业品牌深入人心，以最小的投资赢取最大的回报。

3.赞助活动应面向大众

企业应选择规模大、影响力大的赞助活动，如奥运会、世博会等。

4.应选择正确的赞助方式

赞助方式主要包括出钱、出物、出人等。企业应该根据实际情况选择一种方式，也可以综合运用多种方式。例如，赞助"希望工程"可以捐赠教科书、桌椅等教学用品，可以设立企业助学金，还可以聘请优秀教师支教等。

5.处理好赞助关系

赞助有两种形式：一种是企业主动进行赞助活动；另一种是被动赞助，即对方提出赞助要求，企业实施。企业应该注意掌握赞助的主动权，根据赞助对象的实际情况和企业目标进行选择，对于不合理的要求可以婉言谢绝。

6.赞助活动不等于广告

不能以赞助为由向对方提出自私的要求，如为企业做广告，也不能只把赞助活动看成一种广告宣传，那就违背了赞助活动的初衷，使赞助活动失去了意义，所以企业应区分纯粹的广告宣传和赞助活动的差异。由于广告对人们的生活有一定的侵入性，因此它是一种公开利用多媒体等技术改变公众态度的手段。虽然广告善于传播产品的特征，并且能够带来产品的功能性利益，但是绝大多数有实力的品牌还要强调情感性利益和自我表现型利益，要展现品牌个性，应在无形中将自己和其他品牌区分开来。赞助活动强调的就是使人们能够更深层次地、更彻底地了解品牌，强调品牌与消费者之间的联系。所以，赞助活动既有广而告之的作用，也具备打造品牌的功效，更是建立企业良好社会形象的有效途径。

五、拓展训练

1.运用公共关系原理，分析赞助活动是一项双赢的公共关系专题活动。

2.运用公共关系原理，分析赞助活动是否一定会带来无限商机，创造更高的效益。

3.社会赞助应遵循什么原则？

实训项目四
公共关系危机管理

一、实训任务分解

1.预防公共关系危机。
2.处理公共关系危机。

二、能力目标要求

1.掌握危机管理计划。
2.掌握公共关系危机的处理原则、流程与方法。

三、实训情境设计

　　某新开业的酒店发生火灾事故，造成了人员伤亡和财务损失，警方和媒体记者闻讯而来。有记者问："你们酒店刚开业就出现如此严重的事件，是否说明你们酒店在管理上存在很大漏洞？"针对此状况，请学生以小组为单位，采取正确的措施化解危机、减少损失，并为该酒店制订合理的危机管理计划，以应对日后不可预料的公共关系危机。

四、实训要点指导

（一）公共关系危机的特点

1.突发性

危机往往不期而至，令人措手不及，也就是说，危机一般在企业毫无准备的情况下瞬间发生，给企业带来的是混乱和恐慌。

2.破坏性

危机发生后可能会带来比较严重的物质损失和负面影响，有些危机给企业带来的后果用"毁于一旦"来形容一点也不为过。

3.不确定性

危机爆发前的征兆一般不是很明显，企业难以做出预测。危机出现与否与出现的时机完全无法确定。

4.急迫性

危机的突发性决定了企业对危机做出反应和处理的时间十分紧迫，任何延迟都会带来更大的损失。危机的迅速发生引起了各大媒体以及社会大众对于这些意外事件的关注，迫使企业必须立即进行事件调查与对外说明。

5.信息资源紧缺性

危机突然降临，决策者必须快速做出决策，在时间有限的条件下，混乱和惊恐的心理使得获取相关信息的渠道出现阻碍，决策者很难在众多的信息中发现准确的信息。

6.舆论关注性

危机事件的爆发能够刺激人们的好奇心理，因此危机事件常常会成为人们谈论的热门话题和媒体跟踪报道的内容。企业越是束手无策，危机事件越会被增添神秘色彩而引起更广泛的关注。

（二）危机公关的基本对策

1.做好危机预防工作

危机产生的原因是多种多样的，不排除偶然的原因。企业管理人员应具备敏锐的洞察力，根据日常收集到的各方面信息，及时采取有效的防范措施，从而避免危机的发生。因此，预防危机必须做到以下几点：第一，树立强烈的危机意识；第二，建立预防危机的预警系统；第三，建立危机管理机构；第四，制订危机管理计划。

2.进行准确的危机确认

危机管理人员要做好日常的信息收集、分类管理工作，建立危机防范预警机制。危机管理人员要善于捕捉危机发生前的信息，在出现危机征兆时，尽快确认危机的类型，做好危机控制的前期工作。

3.危机处理的五大原则

（1）承担责任原则

危机发生后，公众会关心两个方面的问题：一是利益问题；二是感情问题。公众很在意企业是否在意自己的感受，因此企业应该站在受害者的立场上，表示同情和安慰，并通过新闻媒介向公众致歉，解决深层次的心理、情感关系问题，从而赢得公众的理解和信任。实际上，公众和媒体心中往往已经有了一杆秤，并对企业有了心理上的预期，即企业应该怎样处理，我才会感到满意。因此，企业绝对不能选择对抗，态度是至关重要的。

（2）真诚沟通原则

当企业发生危机时，企业就是公众和媒体关注的焦点，因此企业应该主动与新闻媒体联系，尽快与公众沟通，说明事实真相，促使双方互相理解，消除公众的疑虑与不安。真诚沟通是处理危机的基本原则之一。这里的真诚即诚意、诚恳、诚实（简称"三诚"），如果企业做到了这"三诚"，一切问题都可迎刃而解。

（3）速度第一原则

危机出现的最初 12～24 小时内，消息会像病毒一样，以裂变的方式高速传播。而在这期间，可靠的消息往往不多，社会上充斥着各种猜测和谣传，媒体、公众及政府都将密切注视企业发出的第一份声明。因此，企业必须当机立断，快速反应，果断采取行动，与媒体和公众进行沟通，从而迅速控制事态，否则会扩大危机的影响范围，甚至可能失去对全局的控制。危机发生后，首先控制住事态，使其不扩大、不升级、不蔓延，是处理危机的关键。

（4）系统运作原则

系统运作原则要求做好以下六点：第一，以冷对热、以静制动，即企业高层面临来自各方的质疑、批评和声讨，应保持镇定自若，以减轻企业员工的心理压力。第二，统一观点，稳住阵脚，即危机发生后，要在企业内部迅速统一观点，对危机有一个清醒的认识，从而稳住阵脚、万众一心。第三，组建危机公关小组，专项负责。一般情况下，危机公关小组的成员由企业公关部人员和企业涉及危机的高层领导直接组成。这样一方面保证了危机处理的高效率，另一方面能够保证对外口径一致，使公众感到企业处理危机的诚意。第四，果断决策，迅速实施。最大限度地集中可使用的资源，迅速做出决策，统筹部署，付诸实施。第五，合纵连横，借助外力。当危机来临时，企业应与政府部门、行业协会、同行企业及新闻媒体加强配合，联手应对危机，以增强公信力、影响力。第六，循序渐进，标本兼治。为了真正彻底地消除危机，企业在控制事态后，应及时准确地找到危机的症结，对症下药，谋求治"本"；否则，就会前功尽弃，甚至引发新的危机。

（5）权威证实原则

危机发生后，企业不要自己整天拿着"高音喇叭"叫冤，而要"曲线救国"，请权威部门、重量级的第三方在前台说话，使消费者解除对自己的警戒心理，以重获公众的信任。

4.危机的善后工作

危机的善后工作主要是消除危机处理后遗留的问题和影响。危机发生后，企业形象会受到影响，公众对企业会非常敏感，这就要靠一系列危机善后管理工作来挽回影响，如进行危机总结、评估，对问题进行整顿，寻找新的商机等。

（三）公共关系危机的处理要点

（1）危机发生时，企业要以最快的速度成立危机事故处理小组，这是有效处理危机事故的组织保证。

（2）企业在制订危机处理计划时，最好聘请社会上的危机管理专家参与，并多倾听外部专家的意见。

（3）企业应站在公众的立场，以公众利益为中心考虑问题，确实把公众利益放在首位。

（4）领导要亲自出面。企业或社会组织的高层领导要亲临危机事故现场掌握第一手资料，以便制定处理危机的方针政策，以最快的速度调兵遣将。

（5）了解公众意见，尤其要了解批评者、对立者的意见。企业一旦出现危机，可能会有人批评或指责，尽管这些人中有的人是出于个人目的而提出批评，但他们的批评一般来说是真实的，有的批评还是企业失败的公关活动造成的。所以，企业要冷静地对待持批评意见的公众，要了解他们是谁、他们的观点是什么、他们的要求是什么，并与他们进行对话。

（6）使受到危机影响的公众站到企业一边，并帮助企业解决有关问题。特别是在一个持续时间较长的危机中，企业应通过真诚的态度感动受到危机影响的公众，并通过他们配合企业解决问题这样一种态度来影响其他公众。受到危机影响的公众越早帮助企业说话，企业越可能尽早解决危机。

（7）邀请权威性机构帮助企业解决危机，以确保社会公众对企业的信任。在处理危机的过程中，与那些受人尊敬、立场公正的个人或机构进行公开的合作，是解决危机的关键，可以取得事半功倍的效果。

（8）企业要善于利用媒体与公众进行沟通，以控制危机并创造转机。

（四）危机期间如何答复媒体的询问

危机刚刚发生，企业或组织还来不及召开新闻发布会，记者们出于职业的敏感或为了抢头条新闻，往往会通过打电话来询问，有的记者甚至会迅速地直接到现场进行拍摄采访。为此，公关人员在回答媒体的询问时要注意以下几点：

（1）以诚恳、礼貌的态度和语言请求媒体支持、配合组织的工作。

（2）感谢媒体对危机事件的关心和关注，无论从哪个角度来看，媒体的工作都是在促进组织的进步和发展。

（3）向媒体提供真实的新闻信息。如果不能提供真实完整的信息，一定要告诉媒体在何时何地如何取得最新的信息，或者让媒体什么时候再来。

（4）不要向媒体提不合理的要求。

（5）平时应准备一份应急新闻稿，留出空白，以便危机发生时可直接填写后发给媒体。

（6）对媒体的询问要统一口径，用一个声音说话。

（7）切忌使用"无可奉告"之类的话，这只会让媒体和公众认为企业在意图隐瞒事实，并刺激人们的猜测。

（8）把媒体的询问记录下来，对一些问题提供有准备的、有效的答复。

（五）如何建立危机预警系统

预防危机必须建立高度灵敏、准确的预警系统。信息监测是预警系统的核心，即随时收集各方面的信息，及时加以分析和处理，把隐患消灭在萌芽状态。预防危机需要重点做好以下几点：

（1）随时收集公众对产品的反馈信息，对可能引起危机的各种因素和表象进行严密的监测。

（2）掌握行业信息，研究和调整企业的发展战略和经营方针。

（3）研究竞争对手的现状，进行实力对比，做到知己知彼。

（4）对监测到的信息进行鉴别、分类和分析，对未来可能发生的危机及其危害程度做出预测，并在必要时发出危机警报。

（六）危机管理计划的类型与内容

从工作的侧重点或内容来看，危机管理计划可分为危机应急计划和危机传播计划两种。危机应急计划是组织在全面分析预测的基础上，针对出现概率较大的危机事件预先制订的有关工作程序、措施办法、应对策略等的书面计划。危机应急计划的侧重点在于具体危机事件发生后如何施救、处理。危机传播计划是针对组织出现的声誉受损、形象受挫以及伤亡事故等制订的旨在维护声誉、消除误解、告知大众的书面计划。危机传播计划的侧重点是危机事件发生后的新闻传播、信息控制。

危机管理计划大致包括以下内容：

（1）对组织潜在的危机形态进行分类。

（2）制定预防危机的方针政策。

（3）为处理每一项潜在的危机，制定具体的战略和战术。

（4）确定可能受到危机影响的公众。

（5）建立有效的传播沟通渠道。

（6）对方案进行实验性演习。实践证明，实验性演习是十分必要的。演习使人们身临其境，而且在演习过程中能够发现很多问题。

另外，在制订危机管理计划时，最好聘请组织外的危机管理专家全程参与。

五、实训操作步骤

公共关系危机是指由于突发事件或重大事故的出现，导致组织面临强大的公众舆论压力和危机四伏的社会关系环境，组织形象严重受损，组织的公共关系处于危机状态。危机公共关系则是指组织在面对危机事件时进行预测与防范、发现与处理，以及修复与完善组织形象的一系列活动过程。公共关系危机对于现代组织来说每时每刻都可能发生，无论哪一个阶段、哪一个环节出现问题，组织都应该在时间紧迫、各种资源缺乏与信息不充分的情况下，立即进行决策并采取自救行动，尽量将危机扼杀在萌芽之中，以减少损失、减轻负面影响。在本实训项目中，公共关系人员进行危机公关的操作步骤如图4-1所示。

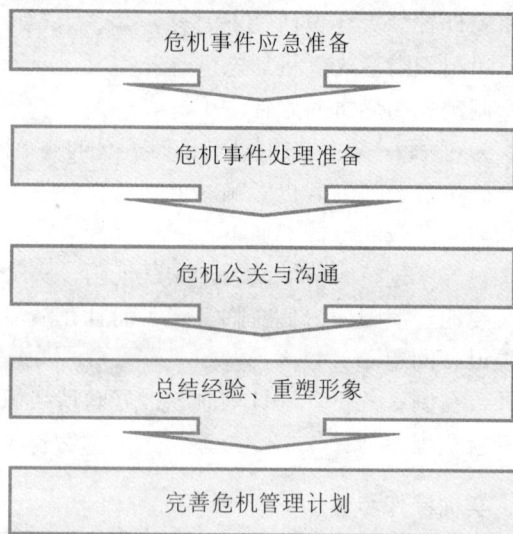

图4-1　公共关系人员进行危机公关的操作步骤

步骤一：危机事件应急准备

（一）掌握危机事件

1.危机事件的汇报人

2.危机事件的性质

3.危机事件的影响和后果

4.组织高层管理人员对危机事件的处理决策

（二）成立危机处理小组
1.危机处理小组成员

2.危机处理小组的主要任务

（三）制订危机处理计划
1.现有的资料、情报

2. 危机处理的目标

3. 人员分工

4. 危机处理的时间计划

5. 费用预算

6. 物质资源的调配与准备

7. 危机事件发生现场的管理

步骤二：危机事件处理准备

（一）组织领导对危机事件的态度

（二）隔离险境、控制事态

1.如何配合警方

2.如何应对媒体

3.如何隔离公众

4.其他措施

（三）调查危机事件发生原因

危机事件和其他任何事件一样，都是由主观和客观两方面因素构成的，是各项因素综合作用的结果。主观因素包括人的思想因素和能力因素，客观因素包括物质因素、自然因素和社会因素。

1.思想因素

2.能力因素

3.物质因素

4.自然因素

5.社会因素

公共关系实训

（四）制定应对危机公关的对策

1.危机发展趋势

2.可采取的对策

3.对策实施过程中可能出现的障碍

4.应对措施

步骤三：危机公关与沟通

（一）与组织内部的沟通

1.危机初期

2.危机稳定期

3.危机抢救期

4.危机末期

（二）与受害方的沟通
1.受害者伤亡及损失情况

2.沟通联系人

3.沟通方式

　　　　　　　　　　　公共关系实训

4.沟通内容

5.沟通过程记录

（三）与上级部门的沟通

1.沟通联系人

2.沟通方式

3.沟通内容

4.上级部门给予的指导或支持

5.沟通过程记录

（四）与新闻媒体的沟通
1.新闻媒体

2.新闻发言人

3.对待媒体的态度

4.如何向媒体介绍危机事件

5.负面报道内容

6.澄清负面报道

（五）与业务伙伴的沟通

1.业务伙伴

2.沟通联系人

3.沟通方式

4.沟通内容

5.沟通结果

6.沟通过程记录

（六）与消费者的沟通
1.沟通联系人

2.沟通方式

3.沟通内容

4.沟通结果

5.沟通过程记录

（七）与其他公众的沟通

1.其他公众

2.沟通联系人

3.沟通方式

4.沟通内容

5.沟通结果

6.沟通过程记录

步骤四：总结经验、重塑形象

（一）对危机事件的总结

1.事件结果总结

2.危机处理结果总结

3.危机应对措施总结

（二）对危机公关过程的总结

1.危机预防方面

2.危机处理方面

　　　　　　　　　　　公共关系实训

3.组织领导方面

4.内部员工方面

5.公关部门方面

6.与内部员工沟通方面

7.与受害者沟通方面

8.与上级机构沟通方面

9. 与新闻媒体沟通方面

10. 与消费者沟通方面

11. 与其他社会公众沟通方面

12. 其他方面

（三）提出改进措施

（四）重塑组织形象的措施
1. 恢复组织声誉和形象的方式

2.事后对受害人的关注

3.组织形象的宣传

4.强化教育的措施

5.重建市场的工作

6.其他

步骤五：完善危机管理计划
（一）建立公共关系部门
1.公关部门人员编制

2.选人要求

3.岗位设置

4.责任划分

（二）制订危机预警方案
1.危机调查计划

2.危机预防计划

3.危机管理教育计划

120

4.危机管理培训计划

5.危机预防演练计划

六、案例分析讨论

案例一

　　美国的诺维斯特银行在感恩节发生了特大火灾。幸运的是，该银行平时很重视危机管理，设有危机管理计划，尤其是火灾危机处理计划，并且早在6个月之前就对火灾危机处理计划进行了改进。修改后的计划内容包括提供放置银行业务记录副本的安全地和高级管理人员紧急联络的电话号码，以及对危机发生时各部门可使用的临时办公地的安排。

　　当大火还在吞食着银行16层大楼时，危机管理计划就启动了。银行总裁通过广播和电视告诉广大储户，他们所存款项和其他物件都很安全，银行整个大楼早已投保，银行的所有账目都有副本，各分行正在照常营业。

　　同时，一个由 12 名银行公共关系人员和其他有关人员组成的危机处理小组成立起来，立刻在银行对面的建筑物里设立了"战时"办公室，以集中处理顾客、员工以及新闻媒体的来电和来信。由于良好的组织工作，在危机中，记者可以与银行总裁直接沟通。在临时营业厅内，银行职员有条不紊地照常工作。在大街上，一些银行职员身穿事先准备好的有明显银行标志而且容易辨认的红白颜色组合的衬衫来回奔忙，以引导顾客去银行临时营业厅。在这次火灾危机中，人员没有伤亡，银行生意也没受太大影响，媒体给予了温和的报道，顾客没受到任何损失。

　　资料来源　佚名. 公关策划［EB/OL］.［2013-10-20］. http://www.docin.com/p-714138715.html.

案例二

　　去哪儿网曾有一次漂亮的网络危机公关值得所有人借鉴。去哪儿网创立于 2005 年 2 月，总部位于北京，是一家为旅游者提供国内外机票、酒店、度假和签证服务的深度搜索网站，也是目前全球最大的中文在线旅行网站。2010 年 12 月 27 日，去哪儿网宣布开展一项消费者保障计划——"赔计划"，这是针对 2009 年 10 月中旬去哪儿网涉嫌"400 电话诈骗"事件而做出赔偿举动之后的升级计划。

2009 年 10 月中旬，谷歌在去哪儿网上投放广告（Google AdSense），去哪儿网因为对广告主审查不严而涉嫌"400电话诈骗"事件，不少消费者通过去哪儿网搜索到的以"400"开头的购票电话进行购票，但这些都是山寨或者钓鱼网站，许多消费者因此无法正常拿到机票或者无法正常出行。北京市工商局首都机场分局接到多起由于400电话欺诈产生的投诉，去哪儿网在第一时间就采取了一系列行动，在事发后的第三天及时把危机扼杀在摇篮里。这些行动包括：

1.屏蔽谷歌在去哪儿网上所有机票类广告的投放，阻止400电话诈骗再次发生，并向谷歌发出了进行交涉的书面文件。

2.在事发的第一时间主动联系消费者，网站推广已协同消费者进行了报案。整件事情的投诉、处理、善后等工作，均备有书面记录及录音材料，可随时供警方调阅。

3.运行一个类似支付宝的支付流程控制功能——"去哪儿通行证"。去哪儿网注册用户使用通行证预订机票时，资金首先被冻结，只有机票代理商给出合法的票号后，去哪儿网才会把资金划拨到代理商的账号上。

在防止危机扩散、弥补消费者损失的同时，去哪儿网又开展了防范危机再次发生的措施。

这是一个典型的危机公关处理事件，去哪儿网在面对这次危机事件时的处理方式是快速和老练的，几乎可以用

"快刀斩乱麻"来形容。

资料来源　赵妍. 去哪儿网：400 电话诈骗因谷歌广告审查不严［EB/OL］.［2010-12-20］. http://www.cnetnews.com.cn/2010/1220/1970104.shtml.

案例三

　　国庆节那天，几位商界老板谈完生意后，相约到"×家庄"共进午餐，兼为其中的 A 老板的爱女庆祝生日。"×家庄"是该市有名的粤菜馆，在全国都有连锁店，也算是大名鼎鼎，因此大家对品尝粤式风味美食的提议一致赞同。

　　一道色香味俱佳的"油焖芥蓝"上来后，大家举箸分享。忽然，B 老板将菜吐到了小碟里。原来，B 老板感到下咽时喉咙有异样感，吐出来一看，一根长长的头发与菜搅在一起。菜里有头发！满桌人顿时感到不舒服，纵然是人间第一等美味，也不由人不反胃。雅间的服务小姐在确认头发是菜里的以后，去向上司禀报。

　　过了一会儿，一个穿职业装、戴着耳机的高个儿小姐走了进来，冲几位老板说："各位老板，我是这儿的领班，出了这样的事，实在不好意思，您看这事怎么解决？"几位老板反问："这样的事情你们怎么解决？"领班一边捏着胸前的微型话筒，一边说："我们一般是给您再换一个菜，或免收这道菜的钱。"经询问，领班佩戴的是对讲机，显然，领班是通过对讲机将雅间里的情况传递给了酒店负责人。这在无形中引起了几位老板的强烈反感，几位老板坚持要酒店负责人出面对话，领班的答复是"酒店负责人不在"。僵持了一会儿，领班提高了嗓门，说："我的权限是换个菜或免这个菜的钱，你们看着办吧。"领班的口气非常强硬，一副爱谁谁的样子。几位老板坚持不与她交涉，领班退出。

另一位穿职业装、戴着耳机的小姐进来了。依然是那套说辞，但此人级别上升，为当班主管。几位老板再次重申，只与酒店负责人对话。当班主管反复强调，酒店负责人外出，回不来。又拖延了10多分钟，几位老板提出只付酒水钱、不付菜钱的方案，并指出他们也是企业管理者，不会有意为难，只是对酒店的管理失误进行惩戒，以避免出现更严重的失误。当班主管仍以酒店负责人不在为挡箭牌，说难以做主。见此情况，几位老板决定等酒店负责人来解决问题。当班主管答应通知负责人回来，快1个小时过去了，人也不见踪影。几位老板在等的过程中，主管与领班再次光临雅间，拿了个"拍立得"相机，要为A老板的爱女拍照留念，并反复声称是专为过生日的小姑娘而拍的。小姑娘爱热闹，就拍了，可遗憾的是，拍出来的照片没取好景，还不如不拍。

时间到了下午两点多，几位老板时间都很宝贵，就提议签单，让酒店负责人随后找他们处理。主管仍搪塞要等负责人回来。几位老板实在忍无可忍,收拾东西要离开酒店。等电梯时,另一位主管模样的人用对讲机通知:"都到楼下,他们要走。"看来,到门口还有麻烦。几位老板已经进入电梯时,主管快速跑过来,拦住他们说:"我们免菜钱,但酒水钱请您付了。"买单后到酒店门口,几个保安正严阵以待,好像还没收到撤离的指令。

"头发事件"至此结束。几位老板回望"×家庄"不俗的门头,摇着头走了。

资料来源 佚名. 客户投诉案例及分析 [EB/OL]. [2011-12-01]. http://wenku.baidu.com/link?url=1WtYxZsyaODPWYmwTaqd DCPpB9jnZHe0udiisvT62JzIidB3IJKYZIBnHofnc-GuoVJFIcMAq1xrh Lagq5YWDFjzYcI9Xj5v_lj-jRWZFUC.

讨论:

1.危机预防有什么作用?

2.企业在处理危机事件时应注意什么?

3.分别讨论上述三个案例中危机公关的得当和失当之处。

七、实训效果评价

通过学生自评、学生互评、教师点评三种形式对学生在实训过程中体现出来的人员素质、实训态度、工作能力、实训结果等各个方面进行综合考核,并填写公共关系危机管理考核评价表,见表4-1。

表 4-1 **公共关系危机管理考核评价表**

班级：　　　　考核对象：　　　　考核时间：

考评内容	考评标准	分值	评分
公共关系危机管理	公关人员仪表得体、仪容整洁、仪态大方	10	
	普通话标准、表达清楚、沟通有效	10	
	在实训中认真负责，积极参加各项任务活动	5	
	能灵活应对危机处理过程中的突发问题	10	
	危机应对方案安排合理、内容全面，符合公关原则	15	
	危机公关对策使用得当、效果理想	15	
	对危机事件和公关过程的总结合理得当，有利于重塑组织形象	10	
	危机管理计划制订合理、切实可行、内容全面	15	
	团队成员分工合理，团队合作效果理想	10	
合计		100	

评语

注：考评满分为100分，60~70分为及格，71~80分为中等，81~90分为良好，91分以上为优秀。（该表可复印后灵活用于教学）

实训项目四　公共关系危机管理　　　　127

实训项目五
公共关系礼仪训练

实训任务一 着装训练

一、实训准备

（一）实训目标

1.掌握正装的穿着要求。

2.掌握男士西装的穿着方法。

3.掌握女士套裙的穿着方法。

（二）实训方法

1.将学生分组，每组5～6人，以小组为单位进行训练。

2.根据以下实训操作步骤完成每个实训内容。

二、实训操作步骤

着装训练操作步骤见表5-1。

表 5-1   **着装训练操作步骤**

实训项目	实训要求		操作规范
正装的穿着	1.制作精良		（1）选择优良的面料 （2）设计适当的款式 （3）进行精心的缝制
	2.外观整洁		（1）无褶皱 （2）无残破 （3）无脏物 （4）无污渍 （5）无异味
	3.文明着装		正装穿着要雅观，避免出现以下4个方面的禁忌： （1）忌过分艳丽 （2）忌过分瘦小 （3）忌过分裸露 （4）忌过分薄透
	4.穿着得当		严格按照各单位的规范要求去做
西装的选择及穿着	西装的选择	1.西装的外套必须合体	（1）上衣长度应过臀部 （2）手臂伸直时，袖子的长度应达到手腕处

实训项目	实训要求		操作规范
西装的选择及穿着	西装的选择	2.西裤要合体	(1) 西裤腰围的标准是裤子穿好后，裤腰处能正好伸进一只五指并拢的手掌 (2) 西裤穿好后，裤腿的下沿正好接触脚面，但不露出袜子，并确保裤线笔直（注意鞋跟的高度）
		3.衬衫要合适	(1) 正式场合应穿白色无花纹衬衫 (2) 衬衫领口的标准是衬衫领口扣上扣子以后，能自由插进自己的一个食指 (3) 衬衫袖子的长度与领子的高度都应比西装上衣的袖子稍长、稍高
		4.领带要与西装相协调	(1) 领带应为素色且无花纹 (2) 领带系好后，其下摆应刚好遮住皮带扣 (3) 西装里若穿羊毛背心，应将领带放进羊毛背心里面 (4) 穿着西装时最好夹上领带夹
		5.鞋与袜要与西装相协调	(1) 皮鞋的颜色一般应与西装的颜色相近，深色西装宜配黑色皮鞋 (2) 袜子的颜色应与皮鞋的颜色相近，或者是西装颜色与皮鞋颜色的过渡色

实训项目	实训要求		操作规范
西装的选择及穿着	西装的穿着要领	符合规范要求,切忌触犯禁忌	(1) 西装要干净、平整,裤子要熨出裤线 (2) 衬衫领头要硬扎挺括,且干净无污 (3) 衬衫里一般不要穿秋衣或毛衣,如果穿了,不宜把毛衣的领圈和袖口露在外面 (4) 衬衫的下摆要均匀地塞在裤腰内 (5) 穿西装可以不系扣,但在正规场合必须系扣 (6) 裤兜与上衣袋一样,不可装物,以保证裤形美观 (7) 无论衣袖还是裤边,皆不可挽起 (8) 皮鞋一定要上油擦亮
女士套裙的选择及穿着	女士套裙的选择	1. 上衣与裙子的选择要适当	(1) 上衣和裙子的面料、颜色应相同 (2) 套裙的面料应以素色、无光泽为好 (3) 上衣袖子一般应到手腕处,裙子长度应过膝盖,即使是比较随意的套裙,其上衣也应有袖子(至少是短袖,而不应是无袖)
		2. 衬衫及内衣的选择也很重要	(1) 衬衫的颜色应以白色为主 (2) 内衣应当柔软贴身,并且要大小适当 (3) 穿上内衣以后,不应使内衣的轮廓一目了然地在套裙之外展现出来

实训项目	实训要求		操作规范
女士套裙的选择及穿着	女士套裙的选择	3.衬裙的选择要适当	穿套裙时,尤其是穿丝、棉、麻等薄型面料或浅色面料的套裙时,应当穿衬裙
		4.鞋袜与套裙要相配	(1)与套裙配套的鞋子,宜为高跟、半高跟的船式皮鞋或盖式皮鞋 (2)袜子最好是肉色的高筒袜或连裤袜
	女士套裙的穿着要领	1.衬衫与上衣的穿着要符合规范	(1)衬衫的下摆必须掖入裙腰之内,不得任意悬垂于外,或在腰间打结 (2)衬衫的纽扣要一一系好,除了最上端的一粒纽扣按惯例允许不系外,其他纽扣均不得随意解开 (3)衬衫在公共场合不宜直接外穿 (4)上衣的领子要完全翻好 (5)上衣口袋的盖子要拉出来盖住衣袋 (6)上衣的扣子必须全部系上,不允许将扣子部分或全部解开,更不允许当着他人的面随便将上衣脱下
		2.裙子的穿着要符合规范	(1)裙子要穿得整洁端正,上下对齐 (2)裙摆处如有开衩,在离座时应调整裙摆的开衩到适当的位置
		3.衬裙的穿着要符合规范	衬裙的裙腰切不可高于套裙的裙腰,不能暴露在外

公共关系实训

实训项目	实训要求	操作规范
女士套裙的选择及穿着	女士套裙的穿着要领 4.鞋袜的穿着符合规范	（1）袜子不可随意乱穿。不允许同时穿两双袜子，也不允许将健美裤、九分裤当成袜子来穿 （2）袜口不可暴露在外，在任何时候的任何姿势（无论是站着、坐着还是蹲着）都应确保袜口始终在裙子的下摆里 （3）鞋袜不可当众脱下 （4）鞋袜应当完好无损。鞋子如果开线、裂缝、掉漆、破损，袜子如有洞、跳丝，均应立即换掉，不要打了补丁再穿

三、实训评价考核表

着装训练评价考核表见表5-2。

表5-2　　　　　　着装训练评价考核表

考核项目	考核要求	是否做到	改进措施
正装的穿着	1.制作精良	□是□否	
	2.外观整洁	□是□否	
	3.文明着装	□是□否	
	4.穿着得当	□是□否	

考核项目		考核要求	是否做到	改进措施
西装的选择及穿着	西装的选择	1.西装外套必须合体	□是 □否	
		2.西裤的肥瘦、长短合适	□是 □否	
		3.衬衫的选择合理	□是 □否	
		4.领带、鞋袜与西装相协调	□是 □否	
	西装的穿着要领	1.西装要干净、整洁，西裤要烫出裤线	□是 □否	
		2.衬衫要清洁，穿着要符合要求	□是 □否	
		3.西装扣子的系法应符合要求	□是 □否	
		4.西装的上衣及西装的口袋不可装物品	□是 □否	
		5.衣袖、裤边不挽起	□是 □否	
		6.皮鞋要擦亮	□是 □否	
女士套裙的选择及穿着	女士套裙的选择	1.套装的款式、面料选择合理	□是 □否	
		2.衬衫以白色为主	□是 □否	
		3.内衣应柔软合体	□是 □否	
		4.衬裙选择合适	□是 □否	
		5.鞋袜与套装相配	□是 □否	

考核项目		考核要求	是否做到	改进措施
女士套裙的选择及穿着	女士套裙的穿着要领	1.穿着到位	□是 □否	
		2.衬衫穿着符合规范	□是 □否	
		3.衬裙穿着正确	□是 □否	
		4.鞋袜的穿着符合规范要求	□是 □否	

实训任务二　化妆训练

一、实训准备

（一）实训目标

1.对照镜子，根据自己的脸形为自己梳理发型。

2.根据自己的脸形及五官特点为自己化工作妆。

（二）实训方法

1.根据以下实训操作步骤完成每个实训内容。

2.实训小组成员相互评价打分，使各成员能自纠错误直至形成习惯。

二、实训操作步骤

化妆训练操作步骤见表5-3。

表 5-3 　　　　　　　　　**化妆训练操作步骤**

实训内容	实训步骤与标准	训练要求
基本底妆	1.抹化妆水，用化妆脱脂棉蘸取向脸面按压 2.使用保湿乳液或保湿霜，防止皮肤发干起皮 3.选择适合自己肤色的粉底液，分别在面部两颊、额头、下巴、鼻梁等位置点染，然后抹匀 4.斑点遮瑕 5.定妆，使用散粉在脸部轻轻按压	1.妆容整体效果应清新、自然、干净；与自己的服装、身份、场合相适宜 2.操作步骤可酌情舍弃或变动顺序 3.此操作简单、快速，仅适合工作妆，用时控制在15分钟左右 4.不在男士面前化妆
眼部化妆	1.涂眼影：选择与服装颜色相协调的眼影，用眼影刷取适量眼影在眼周、眼尾、上下眼皮、眼窝处点抹 2.画眼线：用黑色眼线笔沿睫毛根部描画，眼尾处可适当拉长上扬 3.刷睫毛膏：用睫毛膏刷睫毛，以增强眼部效果 4.描眉：用眉笔先勾勒出眉的轮廓，然后用眉粉填充。注意从眉头向眉尾逐渐加深颜色，突出眉峰位置。眉粉颜色应与自己的肤色和头发颜色相适宜	

实训内容	实训步骤与标准	训练要求
面颊修饰	1.确定微笑肌（苹果肌）的位置，选择适合自己肤色的腮红，用刷子蘸取腮红粉轻扫微笑肌 2.长形脸横打腮红，圆形脸和方形脸竖打腮红 3.使用高光粉刷在T字区、下巴和眼睛下方，以增强面部立体感	
涂抹口红	1.首先使用润唇膏打底 2.选择与服装、眼影颜色相适宜的口红，涂抹上下唇 3.用棉签将涂抹过界的部分擦去	
整体检查	1.发际和眉毛是否沾上粉底霜 2.双眉是否对称 3.胭脂是否涂匀 4.妆面是否有残缺或遗漏 5.与穿着是否协调 6.适当调整修改	

三、自查对照表

化妆自查对照表见表5-4。

表 5-4　　　　　　　　　化妆自查对照表

自查项目	不足和缺陷	改进方法和训练重点
头发		
眼睛		
耳朵		
鼻子		
胡须		
嘴部		
面部		
颈部		
手部		

实训任务三　站姿训练

一、实训准备

（一）实训目标

掌握正确的站姿，为其他各项礼仪训练打下基础。

（二）实训方法

1.将学生分组，每组5～6人，以小组为单位进行训练。

2.根据以下实训操作步骤完成每个实训内容。

　　　　　　　　　　　　　　公共关系实训

二、实训操作步骤

站姿训练操作步骤见表5-5。

表5-5　　　　　　　　站姿训练操作步骤

实训内容	实训步骤与标准	训练要求
侧立式站姿	1.抬头，面朝正前方，双眼平视，下颚微微内收，颈部挺直，双肩放松，呼吸自然，腰部直立 2.脚掌分开呈"V"形，脚跟靠拢，双膝并严，双手放在脚部两侧，手指稍弯曲，呈半握拳状	站姿的基本要求是"立如松"；具体要求是自然、稳重、端庄
前腹式站姿	1.同"侧立式站姿"操作标准第1条 2.脚掌分开呈"V"形，脚跟靠拢，双膝并严，双手相交轻握放在腹部肚脐位置	
后背式站姿	1.同"侧立式站姿"操作标准第1条 2.两脚分开呈"V"形，两脚平行，比肩宽略窄些，双手在后背轻握并放在腰处	
丁字步站姿	1.同"侧立式站姿"操作标准第1条 2.一脚在前，将脚尖向外略展开，另一只脚的脚跟顶在前脚的足弓处，形成斜写的一个"丁"字，双手在腹前相交，身体重心在两脚上 3.此站姿限于女性使用	
站得太累时自行调节	两腿微微分开，将身体重心移向左脚或右脚	

三、站姿训练的方法

1.配轻音乐，训练4种站姿。

2.按照标准训练站姿，可以靠墙训练，后脑勺、双肩、臀部、小腿及脚后跟都紧贴墙壁站立；也可两人一组，背靠背站立。

实训任务四　走姿训练

一、实训准备

（一）实训目标

掌握正确的走姿，塑造良好的职业形象。

（二）实训方法

1.将学生分组，每组5～6人，以小组为单位进行训练。

2.根据以下实训操作步骤完成每个实训内容。

二、实训操作步骤

走姿训练操作步骤见表5-6。

三、走姿训练的方法

1.配乐（进行曲）进行走姿训练；前进步，后退步，侧行步，前进转身步，后退转身步。

2.在地上画直线，头顶书本，脚穿高跟鞋或半高跟鞋（女生）踩线行走练习。

表 5-6 　　　　　　　　　**走姿训练操作步骤**

实训内容	实训步骤与标准	训练要求
一般走姿	1. 方向明确。在行走时，必须保持明确的行进方向，尽可能使自己犹如在直线上行走，不能突然转向，更忌讳突然大转身 2. 步幅适中。一般而言，行进时迈出的步幅应与本人一只脚的长度相近，即男子每步约40厘米，女子每步约36厘米 3. 速度均匀。采用均匀的速度走路，不突然加速或减速 4. 重心放准。行走时身体向前微倾，重心落在前脚掌上 5. 身体协调。行走时要以脚跟先着地，膝盖在脚步落地时应当伸直，腰部要成为重心移动的轴线，双臂在身体两侧一前一后自然摆动 6. 体态优美。行走时要做到两眼平视前方，昂首挺胸，步伐轻松而矫健	行姿的基本要求是"行如风"，即走起来要像风一样轻盈；具体要求是方向明确、抬头、不晃肩，两臂自然摆动，两腿直而不僵，步伐从容、步态平衡、步幅适中均匀，两脚落地成两条直线
陪同客人的走姿	1. 同"一般走姿" 2. 引领客人时，应位于客人侧前方2~3步，按客人的速度行进，不时用手势为客人指引方向	
与客人相对而行的姿势	1. 同"一般走姿" 2. 接近客人时，应放慢速度；与客人交会时，应暂停前行，与客人点头示意，让客人先行	
与服务人员同行的姿势	1. 同"一般走姿" 2. 不可并肩同行，不可嬉戏打闹，不可闲聊	

实训任务五　坐姿训练

一、实训准备

（一）实训目标
掌握正确的坐姿，塑造良好的职业形象。

（二）实训方法
1. 将学生分组，每组5~6人，以小组为单位进行训练。

2. 根据以下实训操作步骤完成每个实训内容。

二、实训操作步骤

坐姿训练操作步骤见表5-7。

表5-7　　　　　　　　　　坐姿训练操作步骤

实训内容	实训步骤与标准	训练要求
基本坐姿	1. 入座时要轻、稳、缓 2. 从左侧入座。走到座位左前方，右脚向座位前伸出半步，左脚跟上，然后轻轻落座 3. 女士穿裙时需要用手将裙子向前拢一下 4. 神态从容。身体端正，双肩平正 5. 椅子坐满2/3，宽沙发坐满1/2 6. 前不贴桌边，后不靠椅背 7. 谈话时，将上体双膝侧转向交谈者，上身要保持挺直 8. 离座时，右脚向后收起半步，而后站立，从座椅左侧离席	坐姿的基本要求是"坐如钟"；具体要求是端正、轻缓、稳重、自然、亲切，能够给人一种舒适感

实训内容	实训步骤与标准	训练要求
两手摆法	1.有扶手时，双手可轻搭于扶手上，或一手搭在扶手上、一手放在腿上 2.无扶手时，两手相交或轻握放于腹部，也可以将左手放在左腿上，将右手搭在左手背上，两手呈"八"字形放于腿上	
正襟危坐式坐姿	1.最基本的坐姿 2.适用于最正规的场合 3.上身与大腿、大腿与小腿、小腿与地面都成直角 4.双膝、双脚完全并拢	
双腿斜放式坐姿	1.适用于穿裙子的女性在较低处就座时使用 2.双膝并拢 3.双脚向左或向右斜放 4.斜放后小腿与地面成45度角	
双脚交叉式坐姿	1.适用于各种场合，男女皆可使用 2.双膝并拢，双脚在脚踝处交叉 3.交叉后的双脚可内收也可斜放，但不可向前方远伸出去	
双腿叠放式坐姿	1.适合穿裙装的女性使用 2.双腿上下叠放，两腿之间没有缝隙 3.叠放后的双腿斜放于左侧或右侧，小腿与地面成45度角	

三、坐姿训练的方法

1.对所学的几种坐姿，每种训练坚持5～8分钟，配合轻松优美的音乐，以减轻疲劳。

2.要求学生采用自己喜欢的坐姿，面对面坐下，互相观察评价。

3.在日常生活中训练。比如在乘车、上课、伏案看书采用坐姿时，都可以按照以上坐姿要求进行训练，不放过每一次训练的时机，久而久之，优美的坐姿便成了习惯。

实训任务六　蹲姿训练

一、实训准备

（一）实训目标
掌握正确的蹲姿，塑造良好的职业形象。

（二）实训方法
1.将学生分组，每组5～6人，以小组为单位进行训练。

2.根据以下实训操作步骤完成每个实训内容。

二、实训操作步骤

蹲姿训练操作步骤见表5-8。

表 5-8 　　　　　　　　**蹲姿训练操作步骤**

实训内容	实训步骤与标准	训练要求
高低式蹲姿	下蹲时，左脚在前完全着地，右脚脚跟提起，右膝低于左膝，右腿左侧可靠于左小腿内侧，形成左膝高、右膝低的姿势；臀部向下，上身略微向前倾，基本上用左腿支撑身体。采用此种蹲姿时，女性应并紧双腿，男性两腿之间可有适当距离	1.一般只有在以下情况下才允许酌情采用蹲姿：整理工作环境；给予客人帮助；提供必要服务；捡拾地面物品 2.采用蹲姿时应注意：不要突然下蹲；不要距人过近；不要方位失当；不要随意滥用
交叉式蹲姿	交叉式蹲姿主要适用于女性，尤其适合身穿短裙的女性在公共场合采用，它虽然造型优美，但操作难度较大。这种蹲姿要求在下蹲时，右脚在前，左脚在后，右小腿垂直于地面，右脚着地；右腿在上，左腿在下与右腿交叉重叠；左膝从后下方伸向右侧，左脚脚跟抬起，脚尖着地；两腿前后靠紧，合力支撑身体；上体微向前倾，臀部向下	
半蹲式蹲姿	半蹲式蹲姿多为人们在行进之中临时采用，它的基本特征是身体半立半蹲。蹲下时，上身稍微下弯，但不宜与下肢构成直角或锐角，臀部务必向下，双膝可微微弯曲，其角度可根据实际需要有所变化，但一般应为钝角；身体的重心应当放在一条腿上，双腿之间不宜过度分开	
半跪式蹲姿	半跪式蹲姿又叫单跪式蹲姿，它的基本特征是双腿一蹲一跪，一般在下蹲时间较长或方便用力之时采用。下蹲时，一条腿单膝点地，并以脚尖着地，使臀部坐在脚跟上；另一条腿应当全脚着地，小腿垂直于地面；双膝必须同时向外，双腿应尽力靠拢	

实训项目五　公共关系礼仪训练　　　　　　　　　　145

三、蹲姿训练的方法

1.对于所学的四种蹲姿，每种坚持训练5~8分钟，配合轻松优美的音乐，以减轻疲劳。

2.要求学生选用自己喜欢的蹲姿，面对面蹲下，互相观察评价。

实训任务七 手臂姿势训练

一、实训准备

（一）实训目标

1.掌握在站、坐、行时手臂的正确姿势。

2.掌握在递接物品时手臂的正确姿势。

3.掌握在打招呼时手臂的正确姿势。

4.掌握正确的手臂引领姿势。

（二）实训方法

1.将学生分组，每组5~6人，以小组为单位进行训练。

2.根据以下实训操作步骤完成每个实训内容。

二、实训操作步骤

手臂姿势训练操作步骤见表5-9。

表5-9　　　　　　　　　　**手臂姿势训练操作步骤**

实训内容	实训步骤与标准	训练要求
正常垂放	具体做法有以下6种： 1.双手指尖朝下，掌心向内，手臂伸直后分别紧贴两腿裤线处 2.双手自然相交于小腹处，一只手在上，另一只手在下，双手相扣，或双手相叠，压在腹部肚脐处 3.双手自然相交置于身后，掌心向外，两只手相握 4.一只手紧贴裤线自然垂放，另一只手略弯曲，掌心向内搭在腹前 5.一只手掌心向外背在背后，另一只手略弯曲，掌心向内搭在腹前 6.一只手紧贴裤线自然垂放，另一只手掌心向外背在背后	自然优雅，规范适度，五指伸直并拢，掌心斜向上，腕关节伸直，手与前臂成直线，以肘关节为轴弯曲140度左右，手掌与地面成45度角
自然搭放	1.站立服务时，身体应尽量靠近桌面或柜台，上身挺直；两臂稍微弯曲，肘部朝外，两手以手指部分放在桌面或柜台上，指尖朝前，拇指与其他四指稍有分离，并轻搭在桌子或柜台边缘。应注意不要距离桌子或柜台过远，同时要根据桌面高矮调整手臂弯曲程度，尽量避免将上半身趴在桌子或柜台上，也不可将整个手掌支撑在桌子或柜台上 2.以坐姿服务时，将手部自然搭放在桌子上，身体趋近桌子或柜台，尽量挺直。除了做书写、计算、调试等必要动作时，手臂可放于桌子或柜台上外，最好仅以双手手掌平放于其上；将双手放在桌子或柜台上时，双手可以分开、叠放或相握，但不要将胳膊支起来，或者将手放在桌子或柜台下	不可将桌子或柜台用于支撑身体

实训内容	实训步骤与标准	训练要求
手持物品	1. 平稳 2. 自然 3. 到位 4. 卫生	身体其他部位姿势规范，与手部动作相协调
递送物品	1. 双手为宜 2. 主动上前 3. 递到手中 4 方便接拿 5. 尖、刃向内	
展示物品	1. 便于观看 2. 手位正确	
打招呼	1. 手臂不要伸得过直、过长 2. 掌心向前 3. 左右摆动手掌，摆动幅度要适当	避免"招财猫"的动作
举手致意	1. 面向对方。举手致意时，应全身直立，面向对方，至少上身与头部要朝向对方，在目视对方的同时面带笑容 2. 手臂上伸。致意时，手臂应自下而上向侧上方伸出，手臂既可略有弯曲，也可全部伸直 3. 掌心向外。致意时，掌心必须向外，即面向对方，指向朝向上方，同时切忌伸开手指	
握手	1. 注意先后顺序 2. 注意用力大小 3. 注意时间长短 4. 注意相握方式	不要有引起误解的握手动作

实训内容	实训步骤与标准	训练要求
挥手道别	1. 身体站直。尽量不要走动、乱跑，更不要摇晃身体 2. 目送对方。目送对方远去直至离开，若不看道别对象，便会被对方理解为"目中无人"或敷衍了事 3. 手臂前伸。道别时，可用右手，也可双手并用，但手臂应尽力向前伸出，注意手臂不要延伸的太低或过分弯曲 4. 掌心向外。挥手道别时，要保持掌心向外，否则是不礼貌的 5. 左右挥动。挥手道别时，应将手臂向左右两侧轻轻地来回挥动，尽量不要上下摆动	
引导手势	1. 横摆式。手位高度应齐腰，表示"请"的意思 2. 斜摆式。请对方落座。座位在哪，手位指到哪 3. 直臂式（专业引导手势）。手臂伸直与肩同高，用于指引方向 4. 曲臂式。用于单手持物或扶门时，向对方做"请"的手势 5. 双臂式。用于面对众人做"请"的手势	

三、手臂姿势训练的方法

1. 教师对每种手臂姿势做出示范，学生模仿动作，每个动作重复5次。

2. 设计不同的情境，学生以小组为单位，根据情境做出正确的手臂动作，各个小组之间进行互评。

实训任务八　表情训练

一、实训准备

（一）实训目标

1.掌握礼貌友好的眼神。

2.掌握礼貌友好的微笑方法。

3.掌握礼貌友好的眉语。

（二）实训方法

1.将学生分组，每组5~6人，以小组为单位进行训练。

2.根据以下实训操作步骤完成每个实训内容。

二、实训操作步骤

（一）眼神训练

眼神训练操作步骤见表5-10。

表5-10　　　　　　　眼神训练操作步骤

实训内容	实训步骤与标准	训练要求
注视的角度训练	1.正视对方。在注视他人时，与之正面相对，同时将上身向前倾向对方，表示尊重对方 2.平视对方。在注视他人时，身体与对方处于相似的高度，表示出双方地位平等及本人的不卑不亢 3.仰视对方。在注视他人时，若本人所处位置比对方低，则需抬头仰望对方，可给对方重视、信任之感	不论采用什么样的角度、注视哪个部位，眼神都应该自然、端庄、平和、友好，而不能带有蔑视、挑衅、不满，甚至调戏的意味

实训内容	实训步骤与标准	训练要求
注视的部位训练	1.注视对方的双眼。表示自己对对方全神贯注，在问候对方、听取诉说、征求意见、强调要点、表示诚意、向人道歉、与人道别时，都应注意对方的双眼，但时间不宜过长，一般以3～5秒为宜 2.注视对方的面部。最好是对方的眼鼻三角区，而不要聚集于一处 3.注视对方的全身。同服务对象的距离较远时，一般应当以对方的全身为注意点，在站立服务时通常如此 4.注视对方的局部。根据服务的需要，多加注视客人的某一部位，如在递送物品时，应注视对方的手臂	

训练要点指导：

1.宾客沉默不语时，不要盯着对方，以免加剧对方的不安之感

2.在工作岗位上为多人提供服务时，通常要巧妙地运用自己的眼神，兼顾每一位服务对象，既要按照先来后到的顺序对先来的客人多加注视，又要以略带歉意、安慰的眼神环视一下等候在身旁的其他客人，这样既可以表现出公关人员的善解人意与一视同仁，又可以让后到的客人感到宽慰，使其不会产生被疏忽、被冷漠的感觉。

3.在注视客人时，眼神要保持相对稳定，即使需要有

所变化，也要做到自然，切忌对客人进行上上下下、反反复复的打量扫视，以免使客人感到被批评。

4.在服务过程中，要特别注意不能使用向上看的眼神，这会给人以目中无人、骄傲自大的感觉，更不能东张西望，这会给人留下缺乏教养、不懂得尊重别人的印象。

（二）微笑训练

微笑训练操作步骤见表5-11。

表5-11   微笑训练操作步骤

实训内容	实训标准	训练要求
微笑	1.微笑的要领。面含笑意，但笑容不可太做作 2.要做到目光柔和，双眼略为睁大，眉头自然舒展 3.微笑时要力求表里如一。微笑不能只挂在脸上，而要发自内心，否则就成了"皮笑肉不笑"。微笑一定要有一个良好的心境与情绪作为前提，否则就会陷入尴尬的境地	1.在不牵动鼻子、不发出笑声、不露出牙齿的前提下，使嘴角微微向上翘起，让嘴唇略呈弧形，轻轻一笑 2.默念英文字母"E"，或汉字"一"

训练要点指导：

微笑必须兼顾场合。在下列情况下，微笑是不允许的：第一，进入气氛庄严的场所时；第二，客户满面哀愁时；第三，客户有某些先天的生理缺陷时；第四，客户出了洋相而感到极其尴尬时。在上述情况下，如果面露微笑，往往会使自己陷于十分不利、十分被动的境地。

（三）眉语训练

表 5-12　　　　　　**眉语训练标准表**

实训内容	实训标准
眉语	公关人员的眉毛要保持自然舒展，说话时不要过多牵动眉毛，应给人以庄重、自然、典雅之感

三、表情训练的方法

1.学生面对面站立，相互注视，在正常交谈的过程中使用不同的眼神，并且要求面带微笑。

2.学生相互观察并评价对方的眼神、微笑、眉语动作。

实训任务九　文明沟通训练

一、实训准备

（一）实训目标

1.掌握经常使用的礼貌用语及使用规范与要求。

2.掌握使用礼貌用语时的正确身体姿态。

3.掌握使用礼貌用语时的正确面部表情。

4.正确熟练地使用文明用语。

（二）实训方法

1.将学生分组，每组 5~6 人，以小组为单位进行训练。

2.根据以下实训操作步骤完成每个实训内容。

二、实训操作步骤

文明沟通训练操作步骤见表5-13。

表5-13　　　　　　文明沟通训练操作步骤

实训内容	实训步骤与标准	训练要求
常用礼貌用语	1."您好" (1) 可互相进行问候 (2) 可统一进行问候，而不再一一具体到每个人，如"大家好!""各位早上好!" (3) 可采用"由尊而卑"的礼仪惯例，先问候身份高者，然后问候身份低者 (4) 当被问者身份相似时，可以采用"由近而远"的顺序，先问候与本人距离近者，然后依次问候其他人 (5) 问候语还常常伴随"欢迎"之类的词使用，如"您好，欢迎光临!"	能够准确而适当地使用礼貌用语
	2."请" (1) 可以单独使用，也可与其他词搭配使用，并伴以适当的引导手势 (2) 适用场合。请求他人做某事时，表示对他人的关切或安抚时，表示谦让时，要求对方给予配合时，希望得到他人谅解时	
	3."谢谢" (1) 使用时应面带微笑，目光注视对方 (2) 适用场合。获得他人帮助时，得到他人支持时，赢得他人理解时，感到他人的善意时，婉言谢绝他人时，受到他人赞美时 (3) 必要时要解释一下致谢的原因，这样不会令对方感到茫然和不解	

实训内容	实训步骤与标准	训练要求
常用礼貌用语	4."对不起" (1) 可以单独使用，也可与其他词搭配使用，并伴以适当的手势 (2) 适用场合。在工作中，当给对方带来不便，或妨碍、打扰对方时，必须及时向对方说"对不起"	
	5."再见" (1) 适用场合。在分别时常用的一句告别语 (2) 使用时应面带微笑、注视对方，如有必要，可借助动作（如握手、鞠躬、摆手等）进一步表达依依惜别之情或希望重逢的意愿	
使用时应注意的问题	1.面带微笑 2.目光注视对方 3.应站立说话 4.通过点头、简短的提问等表达对谈话的注意和兴趣	
文明用语	1.区分对象 (1) 区分内宾和外宾。一般来说，对外宾要用国际通用的称呼，即对男性称先生，对女性称女士、小姐、夫人 (2) 要注意区分传统称呼和现代称呼 2. 有主有次 (1) 由尊而卑 (2) 由远而近 3.严防犯忌 (1) 忌讳没有称呼 (2) 忌讳使用不当的称呼	称呼恰当

续表

实训内容	实训步骤与标准	训练要求
文明用语	1.语音标准 2.语调柔和 3.语速适中 4.语气谦恭	口齿清晰
	1.不讲粗话 2.不讲脏话 3.不讲黑话 4.不讲怪话 5.不讲废话	用词文雅
	1.简单明了，中心突出 2.内容通俗易懂	言简意赅

三、实训评价考核表

文明沟通训练评价考核表见表5-14。

表5-14　　文明沟通训练评价考核表

考核内容	考核要求	是否做到	改进措施
礼貌用语	礼貌用语	□是□否	
	语气真诚	□是□否	
	表情自然	□是□否	
文明用语	称呼恰当	□是□否	
	口齿清晰	□是□否	
	用词文雅	□是□否	
	语言简明	□是□否	

实训任务十　电话礼仪训练

一、实训准备

（一）实训目标
1.掌握电话用语的使用规范。
2.掌握正确进行电话沟通的方法。

（二）实训方法
1.将学生分组，每组5～6人，以小组为单位进行训练。
2.根据以下实训操作步骤完成每个实训内容。

二、实训操作步骤

电话礼仪训练操作步骤见表5-15。

表5-15　　　　　　　电话礼仪训练操作步骤

实训内容	实训步骤与标准		训练要求
电话用语	通话前的准备	1.备好通话内容 2.选择通话时间 3.挑准通话地点 4.做好心理准备	打电话的准备工作与要求
		1.确保电话畅通 2.安排专人职守 3.做好电话记录	接听电话的准备要求

实训内容	实训步骤与标准		训练要求
电话用语	通话之初	1.问好。问候对方的用语通常是"您好"或"喂,您好"。如果对方已先向自己问好,应立即以相同的问候语回应对方 2.自报家门。只报出本单位的全称;报出本单位的全称与所在具体部门的全称;报出通话人的全名;报出通话人的全名与所在具体部门的名称;报出通话人的全名、所在单位的全称以及所在具体部门的名称 3.进行确认	打电话之初的要求:问好、自报家门、进行确认
		拿起电话后,首先应问候对方,然后自报家门,或者先自报家门再问候对方,最后询问对方具体事务	接电话之初的要求:问候、自报家门、询问对方具体事务
	通话中	1.音量适中 2.咬字准确 3.速度适中 4.语句简短 5.姿势正确 6.语气友好	声音清晰
		1.不卑不亢 2.不骄不躁	态度平和

实训内容	实训步骤与标准		训练要求
电话用语	通话中	1.接听及时。电话铃响三次内应及时接听 2.如因特殊情况不能及时接听电话，应在拿起听筒后首先向对方表示歉意，如"对不起，让您久等了"	不忘职责
		每次通话的具体时间以3~5分钟为宜	内容紧凑
		简单问好后即进入通话主题	主次分明
	通话结束	1.通话即将结束时，拨打电话的一方应将重点内容简单复述一下，以确认沟通无误 2.为避免给对方以啰唆之感，在重复时应多采用礼貌用语	再次重复重点
		在挂断电话前，应先向通话对象暗示此意	暗示通话结束
		如果对方给予了自己一定程度的帮助，在即将结束通话时，应向对方正式道谢	感谢对方帮助
		如果通话双方是旧交，那么双方在通话结束之前，不妨相互问候一下对方的同事或家人	代向他人问候
		结束通话的最后一句话应当是"再见"	互相道别
		挂机时应小心轻放，不要让对方听到很响的挂机声	话筒要轻轻挂上

实训内容	实训步骤与标准		训练要求
电话用语	代接电话	1. 如果对方要找的人就在附近，应告知对方稍候片刻，然后立即去找。需要注意的是，不要立即大声喊人，不要让对方等候过久，也不要直接询问对方与所找之人是何关系、找他到底有何事情 2. 如果对方要找的人已经外出，应首先告诉对方该情况，然后询问对方是何人，是否有事需要转达。如果对方有事需要转达，应认真记录下来，并尽快予以转交；如果事关重大，最好不要委托他人代劳，以防泄密 3. 如果对方要找的人正在忙于他事，不便立即接听，此刻代接电话的人可如实相告，或者告诉他要找的人暂时外出，随后咨询一下对方自己是否可以代劳，或者要不要替双方约一个方便的通话时间	代接电话时，应一如既往地保持友好的态度去帮助对方，不要语气大变，立即挂断电话，更不要对对方的其他请求一概拒绝
	做好电话记录	1. 电话记录的内容大致应当包括：来电时间、通话地点、来电人的情况、来电的主要内容及处理方式等 2. 做好电话记录后，应进行必要的处理，并谨慎保管 3. 对于重要的电话记录，尤其是当其涉及行业机密时，务必要严格保密	在做电话记录时，除了要选择适当的记录工具之外，最重要的是记好要点内容，并在记完要点之后进行核实

公共关系实训

三、电话礼仪训练的方法

1.教师示范正确的接打电话语言及动作。

2.学生互相接打电话，在通话的不同阶段要使用恰当的文明用语，遵守电话礼仪的标准要求。

3.学生在训练过程中互相观察，在训练结束后互相评价。

实训任务十一　公关礼仪综合训练

一、实训准备

【实训目的】

将以上十个礼仪知识进行综合运用，巩固所学知识，提高学生的学习兴趣，检验教学成果。

【实训内容】

1.自编、自导、自演情景剧。

2.内容包括着装、妆容、表情、握手、走姿、坐姿、站姿、蹲姿、语言等礼仪。

二、实训操作步骤

1.每 4～5 人为一组，如果需要更多人，可另请同学客串。

2.各组自己编排一个场景，要求运用到着装、妆容、表情、握手、走姿、坐姿、站姿、蹲姿、语言等礼仪。

3.分小组进行表演，出场前先由同学介绍剧情、人物。

4.先由学生互评，再由老师点评，最后由老师进行评分。

三、实训评价考核表

公关礼仪综合训练评价考核表见表5-16。

表5-16　　　公关礼仪综合训练评价考核表

组别	评分项目与分值										
	着装(10分)	妆容(10分)	表情(10分)	握手(10分)	走姿(10分)	坐姿(10分)	站姿(10分)	蹲姿(10分)	语言(10分)	编排扮演(10分)	总分(100分)
一组											
二组											
三组											
四组											
五组											

注：考评满分为100分，60~70分为及格，71~80分为中等，81~90分为良好，91分以上为优秀。（该表可复印后灵活用于教学）

四、实训总结

对同学表演中出现的问题进行归纳，提出训练建议。

主要参考文献

［1］赵轶. 公共关系实务［M］. 北京：人民邮电出版社，2013.

［2］谢红霞. 公共关系原理与实务［M］. 3版. 大连：东北财经大学出版社，2014.

［3］潘彦维，杨军. 公共关系［M］. 北京：北京师范大学出版社，2011.

［4］蒋楠. 公共关系原理与实务［M］. 北京：科学出版社，2011.

［5］张卫东，武冬莲. 现代商务礼仪［M］. 北京：电子工业出版社，2010.

［6］谢红霞. 公关实训［M］. 大连：东北财经大学出版社，2008.